问答民法典

以案说法

光明日报社编写组　编著

法律出版社
LAW PRESS·CHINA
—— 北京 ——

图书在版编目(CIP)数据

问答民法典·以案说法 / 光明日报社编写组编著
. -- 北京 : 法律出版社, 2021(2023.9 重印)
ISBN 978-7-5197-6259-9

Ⅰ. ①问… Ⅱ. ①光… Ⅲ. ①民法-法典-案例-中国 Ⅳ. ①D923.05

中国版本图书馆 CIP 数据核字(2021)第 260730 号

问答民法典:以案说法 **WENDA MINFADIAN: YI AN SHUO FA**	光明日报社编写组 编著	策划编辑 解 锟 责任编辑 解 锟 装帧设计 李 瞻

出版发行 法律出版社	**开本** A5
编辑统筹 重大项目办公室	**印张** 6.75 **字数** 150 千
责任校对 张 岩	**版本** 2021 年 12 月第 1 版
责任印制 吕亚莉	**印次** 2023 年 9 月第 4 次印刷
经 销 新华书店	**印刷** 北京盛通印刷股份有限公司

地址:北京市丰台区莲花池西里 7 号(100073)
网址:www.lawpress.com.cn　　销售电话:010-83938349
投稿邮箱:info@lawpress.com.cn　　客服电话:010-83938350
举报盗版邮箱:jbwq@lawpress.com.cn　　咨询电话:010-63939796

书号:ISBN 978-7-5197-6259-9　　**定价**:42.00 元
凡购买本社图书,如有印装错误,我社负责退换。电话:010-83938349

本书编写组

主　编：张　政　王慧敏

副主编：陆先高　张碧涌　赵建国　常　戎

编　委：邓海云　陈劲松　郭丽君　胡其峰
张春丽

编　辑：靳　昊　陈慧娟　刘华东　王金虎
罗　旭　王海磐　王昊魁　彭景晖
龚　亮　方　莉

前言

PREFACE

这是注定载入新中国法治进程的历史性时刻——

2020年5月28日下午，十三届全国人大三次会议表决通过《中华人民共和国民法典》（以下简称《民法典》），自2021年1月1日起施行，标志着我国正式迎来“民法典时代”。新中国几代人的夙愿，终得实现！

7编、1260条，10万多字，《民法典》既是新中国成立以来第一部以“法典”命名的法律，也是我国法律体系中条文最多、体量最大、编章结构最复杂的法律，被誉为“社会生活的百科全书”、民事权利保护的宣言书；既是广大群众保护自身权益的法典，也是全体社会成员都必须遵循的规范。

习近平总书记强调，“民法典要实施好，就必须让民法典走到群众身边、走进群众心里”。做好《民法典》普法工作，新闻媒体责无旁贷。在《民法典》起草、颁布和启动实施等重要时间节点，光明日报积极履行中央党报的职责使命，通过全媒体方式加强宣传阐释，先后推出一系列图文并茂的专版、知识性思想性兼具的理论文章和通俗易懂的新闻稿件，将法治热点转化为新闻热点，获得了广大读者的关注和好评。

特别是自2020年7月起，光明日报在综合新闻版开设《问答民法典·以案说法》专栏,通过生动的典型案例和深入浅出的专家解读,把《民法典》这一鸿篇巨制"掰开揉碎",将法理人情娓娓道来,让广大读者得以一窥民法典之堂奥。

为更好地服务读者、服务社会,光明日报社特组成编写组,在两届编委会的有力指导下,整合社内多部门力量,将《问答民法典·以案说法》栏目内容编辑成书。通过找准民法典与光明日报优势报道领域的契合点,针对受众特点精耕细作,让民法典宣传充分彰显光明日报作为思想文化大报的厚重底色:

重点关注教育、文化等领域民事案例。比如,霸王条款规制问题,选取了"退课不退费"案例;名誉权侵权问题,选取了借小说贬损他人案例;借款合同问题,选取了"校园贷"案例;姓名权问题,选取了作家笔名被冒用案例;未成年人人身伤害问题,选取了上辅导班期间意外受伤案例。

积极探究互联网时代新型法律问题。针对未成年人大额网络打赏、入住酒店被偷拍、网上被匿名诋毁、网游装备被盗、网络软暴力频发、自动驾驶导致车祸等新型网络问题,从《民法典》中寻求解决之道,为维护群众合法权益、更好推进社会治理贡献智识力量。

紧盯社会热点,注重价值引领。对老人被狗绳绊倒身亡、踹伤猥亵者被刑拘、玩网红娱乐项目受伤、买卖干细胞被判无效等热点案例进行条分缕析,普及法理常识;针对英雄烈士形象被诋毁、"扶不扶、救不救"、"分手协议"、捡到手机要求支付感谢费等问题,旗帜鲜明表明态度,弘扬社会主义核心价值观,维护公序良俗。

在栏目采写和本书编辑过程中,我们得到了来自法学界和法律实务界的大力支持，中国社会科学院法学研究所研究员谢鸿飞、清华大学法学院教授程啸等一批民法领域著名学者和有深厚法学素养的法官、检察官、律师等，从专业角度给出《民法典》的权威解读，答疑解惑、启迪新知，增强了学理厚度，在此我们向各位专家表示诚挚的谢意。本书的成功出版，离不开法律出版社相关领导和编辑的关心与支持，在此我们谨致以深深的敬意。

鉴于编者水平有限，疏漏之处在所难免，请广大读者批评指正。书中各位专家身份以解读案例之时为准。

民法典的普法工作具有长期性，光明日报将一如既往地关注《民法典》，推动《民法典》宣传出新出彩，为民法典更有效实施、维护人民群众合法权益贡献力量。

光明日报社编写组

目录

CONTENTS

总则 General Part

物权 Real Rights

合同 Contracts

人格权 Personality Rights

婚姻家庭、继承 Marriage and Family; Succession

侵权责任 Tort Liability

总则

General Part

01 法律无明确规定时，有理如何说得清？

社会热点

社会生活的发展导致民事关系复杂多变，新事物层出不穷。国家法律难以对所有的民事法律关系作出毫无遗漏的明确规范。在立法没有明文规定的情况下，当事人维权、法官裁判往往需要借助习惯。长期以来，我国社会生活中形成了大量的民事习惯，并已成为法律规则的源头活水和有益补充。充分发挥习惯在解决民事纠纷中的作用，有利于更好地尊重历史传统，有效化解矛盾，促进案结、事了、人和。

案　例

某房地产公司与屈某签订了商品房买卖合同。合同约定由屈某购买某房地产公司开发的商品房一套，房内天然气于2020年5月31日前满足住户使用条件，装修标准为管道天然气入户。2020年6月22日，某房地产公司向天然气公司垫付交纳了用户建设费3500元。屈某的天然气接口得以开通，并开始使用该天然气公司供应的天然气。

此后，某房地产公司与屈某因用户建设费的负担问题产生争议，选择“对簿公堂”。法院经审理认为，从合同履行所在地区的交易习惯来看,除双方特别约定外,用户建设费均由用户交纳;现屈某的天然气接口已经开通,某房地产公司为屈某垫付了用户建设费,该房地产公司据此要求屈某偿付此款理由正当,故判决屈某应向该房地产公司支付用户建设费3500元。

法 条

处理民事纠纷,应当依照法律;法律没有规定的,可以适用习惯,但是不得违背公序良俗。(《民法典》第10条)

合同生效后,当事人就质量、价款或者报酬、履行地点等内容没有约定或者约定不明确的,可以协议补充;不能达成补充协议的,按照合同相关条款或者交易习惯确定。(《民法典》第510条)

专家说法

合理发挥习惯在解决民事纠纷中的作用

冯海建(北京市顺义区人民法院法官)
孟祥磊(北京市顺义区人民法院法官助理)

由于社会生活的纷繁复杂,加之我国幅员辽阔、民族众多,《民法典》条文难以对所有的民事法律关系进行一一规定。在复杂的社会环境下,正确、合理发挥习惯在解决民事纠纷中的作用,对于高效化解民事纠纷、维护社会秩序、弘扬社会主义核心价值观有着重要作用。

在这个案件中，对于用户建设费由谁承担，双方合同没有约定，法律、法规对此无明确规定，双方难以达成一致意见。因此，案件发生地区的交易习惯，为确定权利义务归属、解决矛盾纠纷提供了重要依据。

《民法典》此次将习惯纳入民法渊源，有利于保持其开放性，丰富了法律规则的内容，也在一定程度上限制了法官的自由裁量权。在民事法律关系中，要想运用习惯来维护自身合法权益，首先要弄清楚哪些可以被认定为习惯、如何证明习惯存在以及哪些所谓的“习惯”不能适用。

习惯，是指在一定区域、行业范围内，基于长期的生产生活实践所形成，并被这一区域、行业范围内的社会公众所熟知，且被人们普遍遵守的生活和交易习惯。如通常在买卖合同中，买受人在支付完货款后会收回出卖人手中的供货单，如果这一行为规则在这一行业长期存在，并为大家一致认可，且长期被大家自发遵守，那么该规则就可以成为一种被法律认可的习惯。

公众如果想借助习惯来维护自身合法权益，就一定要证明该习惯是真实存在的。习惯是一项事实问题，应该遵循“谁主张，谁举证”的规则。即当事人需证明该习惯长期存在，其已经在社会生活实践中自发地调整人们的行为，为特定区域、行业等的社会成员所普遍认可，成为这些社会成员的共同法律信念。

当然，并非所有长期存在的现象都可以被认定为民法中的习惯。按照《民法典》的规定，适用习惯不得违背公序良俗和法律的强制性规定。如禁止外嫁的女儿享有继承权等,就因违背公序良俗而被禁止。对于当今社会中仍在实际影响人们行为的各种习惯,需要按照《民法典》的精神,存其精华、去其糟粕,改造其落后之处,让真正符合民众需求、契合民众心理的民事习惯传承发扬下去。

02 “熊孩子”打赏主播上百万元，钱能要回吗？

社会热点

随着互联网的发展和手机、电脑等电子产品的普及，未成年人接触网络的机会越来越多。2020 年受新冠肺炎疫情的影响，很多中小学生只能长时间在家中上网课，接触网络的时间变得更长。由于一些未成年人不能合理使用互联网，容易沉迷于网络游戏和直播平台，加之父母监护不到位，大额充值网络游戏和打赏网络主播的情况便时有发生。很多父母不仅对此毫不知情，而且直到自己账户中的钱少了甚至没了才发现。

案 例

两年前，刘先生 16 岁的儿子刘小某在观看某平台的直播时，累计给主播打赏了近 160 万元。

刘小某出生于 2002 年。2018 年，父母将刘小某带至身边帮助打理生意。2018 年 10 月 23 日至 2019 年 1 月 5 日，刘小某使用父母用于生意资金流转的银行卡，多次向某科技公司账户转账，用于打赏某直播平台主播，打赏金额高达 160 万元。刘小某父母得知后，希望某平台能退还全部打赏金额，遭到该平台拒绝，双方对簿公堂。

一审法院判处某平台退还部分金额；原告刘小某对判决结果存在异议，遂向上级法院提起上诉。二审过程中，刘小某认为，自己作为限制民事行为能力人，进行的巨额打赏与他的身份、年龄以及家庭经济状况都不相适应，其行为应当是无效的。被告辩称，刘小某初中辍学，而且年满16周岁之后独立生活，其父母安排其开立银行卡并管理大额款项，应当被视为完全民事行为能力人，因此该直播平台认为不应返还涉案的打赏金额。

经多番沟通协调，当事双方达成庭外和解，原告申请撤回起诉，涉案平台自愿返还近160万元打赏款项并已经履行完毕。

法 条

八周岁以上的未成年人为限制民事行为能力人，实施民事法律行为由其法定代理人代理或者经其法定代理人同意、追认；但是，可以独立实施纯获利益的民事法律行为或者与其年龄、智力相适应的民事法律行为。（《民法典》第19条）

不满八周岁的未成年人为无民事行为能力人，由其法定代理人代理实施民事法律行为。（《民法典》第20条）

专家说法

未成年人充值打赏可视情况予以返还

杨洁(北京市石景山区人民法院法官)

民事行为能力,是指民事主体以自己独立的行为去取得民事权利、承担民事义务的能力。

《民法典》将自然人区分为完全民事行为能力人、限制民事行为能力人和无民事行为能力人。这一方面是为了根据年龄对未成年人实施特殊分级保护,另一方面是为了引导未成年人根据年龄的增长逐渐培养他们的责任意识。

随着经济社会的发展和生活水平的提高,未成年人的身心发育都比较快,8 周岁的孩子按照正常学龄已经是小学二年级的学生,对事物已经形成基本的认知,这时应该给予他们一定的权利和与之相对应的义务、责任。《民法典》将限制民事行为能力人的起始时间由《民法通则》规定的 10 周岁降低为 8 周岁,这一变化不但适应了当今社会未成年人心智成熟较早、频繁且可以独立进行一些民事活动的现实,而且是对未成年人自主意识的充分尊重,也保护了他们的合法权益。

《民法典》规定,不满 8 周岁的未成年人为无民事行为能力人,由其法定代理人代理实施民事法律行为。由此可见,如果参与网络游戏充值和网络平台打赏的未成年人不满8周岁，则属于无民事行为能力人，其进行网络打赏和网络充值的行为是绝对无效的，监护人可以要求网络平台予以返还，网络平台也应该予以配合。

对于已满8周岁的未成年人来说，则应视情况而定。法院在审理此类案件过程中，不会将限制民事行为能力人的行为直接认定为完全无效，也并非完全有效，而是需要结合具体个案中未成年人的行为与其身份、年龄、智力状况，所参与的游戏类型，以及家庭经济状况等因素进行综合判定。若是充值打赏的金额明显过高，超出了其年龄、智力范围，则需要法定代理人的同意和追认才有效，否则无效，可以追回。

需要注意的是，很多时候未成年人是在父母不知情的情况下，通过父母的银行账号进行充值打赏，类似上述案件中刘小某的行为。此时，原告就需要举证证明其父母并不知情，没有取得其允许。如果父母采取放任默许态度，则充值打赏行为很难以未成年人系限制行为能力人、法定代理人未予追认而认定无效。

妥善解决未成年人网络充值打赏纠纷，是家庭和网络平台共同的责任。一方面，家长作为未成年人的监护人，应当按照最有利于监护人的原则履行监护职责，监督未成年人合理使用互联网，建立对网络世界的正确认知和健康理念，同时也要减少未成年人使用手机等电子产品的时间，给未成年人多些陪伴，以实际行动教育未成年人。另一方面，网络平台要高度重视未成年人的权益保护，落实青少年模式，防范未成年人沉溺网络游戏，应该对“打赏”“充值”等行为设置更严格的验证方式，承担起相应的法律责任，为未成年人营造健康、清朗的网络环境。

03 孩子的压岁钱，应由谁做主？

社会热点

压岁钱包含着长辈对晚辈的关切之情和真切祝福，是我国农历春节的传统习俗之一。随着人们收入水平的提高，孩子们收到的压岁钱也水涨船高，常有几千元乃至数万元不等。作为孩子的监护人，不少家长认为孩子年龄小、不懂事，其有权将压岁钱“收缴”。还有的家长置孩子的合法权益于不顾，不仅侵占孩子的压岁钱，而且采取严重危害孩子身心健康的行为，由此引发矛盾纠纷。

案　例

晓阳今年 10 岁。2019 年 5 月，其父母因长期吵架不合，经法院判决离婚，晓阳随父亲赵某生活。多年来，晓阳母亲将晓阳的压岁钱都存入了晓阳的账户中，累计有 5 万余元。2020 年 3 月，由于赵某对晓阳疏于照顾且经常醉酒后殴打晓阳，晓阳便搬至母亲刘某处生活。刘某后向法院申请变更抚养权，法院遂判决由刘某抚养晓阳。

不久前，赵某未经晓阳同意，将晓阳的压岁钱及利息取出供自己生活开销。刘某认为，赵某私自提取晓阳的压岁钱且拒不返还的行为侵犯了晓阳的合法权益，于是以晓阳的名义诉至法院，请求返还存款本金及利息。

法 条

父母是未成年子女的监护人。(《民法典》第 27 条第 1 款)

监护人应当按照最有利于被监护人的原则履行监护职责。监护人除为维护被监护人利益外,不得处分被监护人的财产。(《民法典》第 35 条第 1 款)

专家说法

孩子的压岁钱,家长不能随意处分

虞浔(华东政法大学副教授)

从法律角度来看,压岁钱就是亲朋长辈对孩子的一种财产性赠与。根据《民法典》中民事赠与的相关规定,赠与人将自己的财产无偿给予受赠人,受赠人表示接受之后,赠与财产的所有权即归受赠人所有。基于此,在孩子或者父母接受压岁钱之后,就发生了所有权的转移,无论存于谁的名下,究其本质仍属于孩子受赠的个人财产,应属孩子所有,不能视为家长的财产。

《民法典》规定父母是未成年子女的监护人。监护人的职责是代理被监护人实施民事法律行为,保护被监护人的人身权利、财产权利以及其他合法权益等。鉴于管理和保护被监护人的财产是监护人的职责之一,家长作为法定监护人,于情于理都可以替孩子保管压岁钱。不过,其享有的权利仅是代为管理,并不能擅自使用、随意处置孩子的压岁钱。

监护制度是一项基本的民事制度,《民法典》确立了"以家庭监护为基础、社会监护为补充、国家监护为兜底"的未成年人监护制度体系。具体而言,孩子在实施民事法律行为时,父母虽然作为监护人代理其进行民事活动,但这种代理并非取代未成年人的独立法律地位,实体的权利、义务仍由未成年人自己享有或承担;因此类似于受赠压岁钱之类纯获利益的行为,其产生的利益依法归孩子所有。

同时,《民法典》规定未成年人的监护人履行监护职责,在作出与被监护人利益有关的决定时,应当根据被监护人的年龄和智力状况,尊重被监护人的真实意愿。尽管生活实践中往往是家长对孩子的压岁钱进行处分,但前提必须是为维护孩子的利益,如为其购置生活、学习用品,支付课外辅导等费用。如果家长将孩子的压岁钱用于满足个人私欲乃至挥霍,实际上就是使孩子的财产遭受了损失,既违反了法律的相关规定,也违背了立法保护未成年人权益的宗旨。遵循最有利于被监护人的原则,家长应当综合考虑当地经济水平高低以及家庭消费观念等因素,根据孩子的年龄和智力状况,充分尊重其真实意愿,引导他们合理管理和使用压岁钱。

每个孩子都是独立的个体,监护人应当尊重未成年人人格,维护未成年人的最大利益。如果监护人实施严重侵害被监护人合法权益的行为,如性侵害、出卖、遗弃、虐待、暴力伤害未成年人等,人民法院可以根据有关个人或组织如居民委员会、村民委员会或民政部门的申请,撤销其监护人资格,安排必要的临时监护措施,并按照最有利于被监护人的原则依法指定监护人。

04 公司欠了债，法定代表人需要还吗？

社会热点

法人制度是《民法典》中的重要制度，也是人类社会的伟大发明，对于防范风险、促进经济社会发展具有重要作用。法人在法律上拥有独立的人格，像自然人一样有完全的权利能力和行为能力，有独立的财产权利与财产责任。但现实生活中，很多债权人在公司无法清偿债务时，通过各种形式骚扰法定代表人个人，甚至逼迫其用家庭财产还债，给法定代表人带来很大的困扰。

案　例

甲公司为乙公司运输钢材，运费共计 250 万余元，其间，乙公司给付了部分货款，尚欠货款 130 余万元未支付。后甲公司将乙公司起诉至法院，请求支付货款，并将乙公司的法定代表人刘某一并作为被告起诉。法院在审理此案过程中认为，法院已经应甲公司要求查封了乙公司相应的财产，该查封的财产足以清偿欠付货款，刘某作为法定代表人，对欠付货款不承担连带责任。

法　条

法人以其全部财产独立承担民事责任。（《民法典》第 60 条）

依照法律或者法人章程的规定，代表法人从事民事活动的负责人，为法人的法定代表人。

法定代表人以法人名义从事的民事活动，其法律后果由法人承受。

法人章程或者法人权力机构对法定代表人代表权的限制，不得对抗善意相对人。(《民法典》第61 条)

法定代表人因执行职务造成他人损害的，由法人承担民事责任。法人承担民事责任后，依照法律或者法人章程的规定，可以向有过错的法定代表人追偿。(《民法典》第 62 条)

专家说法

公司债务应由公司财产承担

冯帆[江西省律师协会副会长、国浩律师(南昌)事务所主任]

《民法典》的重要任务之一就是通过法人制度组织和动员社会，通过规定各种类型的法人，赋予自然人组成不同类型法人的权利，并赋予法人和自然人相同的主体资格。与自然人相比，法人可能具有更强大的力量，能完成单个人无法完成的事业。

公司作为营利法人是法人的形式之一。作为独立的法人，公司有独立的法人财产，其债务应由其自身财产予以承担，法定代表人只是代表公司对外行使公司的民事权利，相应的民事责任及后果应由公司承担，故一般情况下法定代表人不需要对公司债务承担责任。

但出现以下情况时，法定代表人负有偿还义务：

一是当兼任法定代表人的公司股东滥用法人独立地位和出资人有限责任，逃避债务（如出资不足、抽逃出资、兼任法定代表人的股东个人财产与公司财产发生混同），严重损害法人债权利益的；

二是当公司对外签订的合同中约定由该公司法定代表人对合同债务承担连带责任，并经法定代表人签字认可，或者法定代表人就公司债务向公司债权人提供其个人担保的，或者法定代表人对公司债务提出由其自身承担并经债权人同意的，法定代表人应对该公司债务承担责任；

三是因公司解散时未依法进行清算（如未进行清算通知公告、执行未经确认的清算方案、未在法定期限内进行清算、恶意处置公司财产、提供虚假清算报告等），导致债权人受到损失的，兼任法定代表人的股东作为清算组成员时，应当对相应公司债务承担责任。

即便法定代表人不需要对公司债务承担责任，但是公司因欠债被起诉且经债权人申请强制执行后仍未清偿债务时，法定代表人将被采取限制消费措施。例如，乘坐交通工具时，选择飞机、火车软卧、轮船二等以上舱位；在星级以上宾馆、酒店、夜总会、高尔夫球场等场所进行高消费；购买不动产或者新建、扩建、高档装修房屋；旅游、度假；子女就读高收费私立学校；支付高额保费购买保险理财产品等其他非生活和工作必需的消费行为。

为尽量避免出现债务无所追偿的情况，债权人应注意规范签订书面合同,妥善保存交易证据。民事诉讼的一般规则是“谁主张,谁举证”,债权人作为民事主体,在与包括公司在内的其他民事主体进行民事活动(如买卖、租赁、借款等)时,应当签订书面合同并将各方的权利义务与违约责任约定清楚,同时应注意保存相关交易的证据(如合同、交易凭证、货物凭证、往来函件、聊天记录、相关人员身份信息等)。这样在通过诉讼解决纠纷时才能反映交易事实并依法维护自身权利。

要求债务人公司对债务提供担保。由于债务人公司的独立法人地位,其对外的债务系由其自身财产承担。债权人为更好地维护自身利益,可要求债务人公司提供相应的抵押物、质押物或者保证人对其债务进行担保,以防止债务到期时因债务人公司自身资产不足以清偿债务而造成债权人损失的风险发生。

05 “双十一”到了，电商促销如何规范？

社会热点

近年来，在大型电商平台的推动下，“双十一”全民购物已经成为一种“社会奇观”。“双十一”期间，商家会以降价、打折、满减、送赠品、抽奖等优惠活动吸引消费者。但有些商家也会以不易被察觉的灰色手段误导消费者，“直播带货”等新形式的“野蛮生长”，更是催生了许多有待法律进一步规制的乱象。对此，除《广告法》《电子商务法》等专门法进行规范外，《民法典》也规定了诚信原则，并规定一方以欺诈手段，使对方在违背真实意思的情况下实施的民事法律行为，受欺诈方有权请求人民法院或者仲裁机构予以撤销。

案　例

郑某在苏宁易购电子商务平台上的上海某网络科技有限公司以 4680 元成功下单一套格力系列家用中央空调。后卖家格力生活电器旗舰店致电原告因标价过低而取消交易，原告郑某认为此价格是商家自行挂在店铺、由买家自助购买，客户下单后又要求取消，涉嫌虚假销售，双方因此产生纠纷。最终，法院判令被告上海某网络科技有限公司向原告郑某交付涉案空调一套。

法 条

民事主体从事民事活动，应当遵循诚信原则，秉持诚实，恪守承诺。（《民法典》第7条）

一方以欺诈手段，使对方在违背真实意思的情况下实施的民事法律行为，受欺诈方有权请求人民法院或者仲裁机构予以撤销。（《民法典》第148条）

专家说法

民事主体应以善意方式行使合法权利

卜芳（内蒙古呼和浩特市中级人民法院法官）

中国电子商务发展迅猛，十几年的时间已经“走进”千家万户。随着电商平台数量的增多，各类促销方式更是让人眼花缭乱。在促销活动中侵犯消费者权益的行为也愈演愈烈。先涨价后打折、利用低价的“电商专供”产品和实体店差别供货的促销方式以及络绎不绝的好评“刷单”现象屡禁不止。

随着电子商务的社会化，电子商务中的法律问题也成为多方讨论的热点。2019年1月1日起施行的《电子商务法》，代表着国家面对电子商务的基本态度，其中关于对监管目的、监管方式、监管原则等内容的规定，对保障电子商务各方主体的合法权益、规范电子商务的行为、促进电子商务持续健康发展具有重要意义。

“直播带货”作为一个高效引流转化的渠道,又成为时下最火爆的销售模式。根据直播带货本身的特点,虽然已有《广告法》《互联网广告管理暂行办法》对其进行规范,但是目前对直播内容实时监控的技术能力还较薄弱。为了实现有规可循,全国首部直播电商标准《视频直播购物运营和服务基本规范》于2020年7月正式施行,这也意味着多元化的电子商务正向标准化、规范化发展。

尽管如此,目前的法律、法规仍不能较好地解决电子商务领域中产生的诸多实际问题。诚实信用原本是一种道德标准,但越来越多的法律规范已将其上升到法律高度,成为必须遵守的法律义务。

《民法典》规定了诚信原则,强调在民事活动中,民事主体应当更加讲诚实、守信用,以善意的方式行使合法权利,履行约定义务。因此,诚信原则作为民法中的“帝王条款”,要求商家在商品交易过程中应当诚信经营,向交易相对方如实告知自己所出售商品的真实信息,不进行“先提价后打折”的虚构原价等交易行为,严格遵守诚实、守信、善意的商业交易规则。同时,在履行交易的过程中应按约全面履行义务,不擅自毁约,根据交易性质、目的以及交易习惯履行降价通知、到货提醒、协助退换货、纠纷售后处理和客户购买资料保密等义务。

诚信原则也将引导司法审判人员依据诚信、公平的观念进一步理解、解释和适用法律,通过该原则实现法的续造和漏洞填补,平衡民事主体间的利益，从而推动社会生活中价值标准的调整，进一步降低交易成本、提高交易效率、保障交易安全、实现社会公平正义。

06 游戏装备不见了，谁来赔？

社会热点

随着互联网的发展，微信、淘宝、支付宝等成为人们日常生活的重要工具，网络游戏市场也不断扩大，网络上的账号、游戏设备、游戏币等虚拟财产被越来越多的人接受和使用，与此相关的纠纷也越来越多。

虚拟财产是一种随着网络出现的新兴事物，无论是在理论上还是在实务中，都尚未提出一个权威统一的概念。由于其特殊存在形式以及人格利益和财产利益并存的特点，以往立法未能对虚拟财产进行明确规定。我国《民法典》是目前世界上第一个对虚拟财产作出规定的法典。同时，《民法典》保持了开放性，为将来的立法留足了空间，也为数据、网络虚拟财产的保护提供了上位法依据。

案　例

李某花费了数千小时的精力和上万元的现金，在一款游戏里积累和购买了几十种虚拟“生化武器”，但有一天当他再次进入游戏时，却发现自己库里的所有武器装备都不翼而飞了。

经过查证，这些装备被另一玩家盗走了，李某找游戏运营商交涉，但运营商拒绝将另一玩家的真实资料交给李某，于是李某以游戏运营商侵犯了他的私人财产为由把运营商告上了法庭。最终，法院判决游戏运营商须对李某丢失的虚拟装备予以恢复。

法 条

法律对数据、网络虚拟财产的保护有规定的，依照其规定。(《民法典》第127条)

专家说法

虚拟财产受到侵害同样应受法律保护

陈辽敏(浙江省杭州市中级人民法院法官)

网络虚拟财产，一般是指网络虚拟世界中具有一定价值的财产性权利，如游戏世界中的游戏账号、游戏币、游戏装备，电子商务中的网店，社交场景中的微信账号、QQ账号、电子邮箱等。几年前，大家对于网络虚拟财产的理解不一，法律对此也没有明确的规定。《民法典》第127条规定，“法律对数据、网络虚拟财产的保护有规定的，依照其规定。”这条规定确立了网络虚拟财产在我国《民法典》中的一席之地。在世界各国民法典的历史中第一次作出这样的规定。其不仅确立了网络虚拟财产应当受到法律保护，而且给后续进一步的立法开放了空间。

深圳市南山区人民法院曾审理国内首个“虚拟财产”盗窃案,被告人破解了大量QQ号码的密码,进行出售,获取了非法利益,被判处拘役6个月。

北京市朝阳区人民法院受理了国内首例虚拟财产纠纷,原告的游戏装备被他人窃取,平台公司拒绝提供盗号者信息,原告于是起诉了该平台公司。

几年前,笔者曾处理了一起网店的继承纠纷。一位年轻男士婚前在一家知名平台上开了家服装店,婚后由夫妻共同经营,经过几年运营,网店有了很好的口碑,成为皇冠级的卖家。一天,该男子突发疾病猝死。该男子父母起诉其妻子,要求继承包括网店在内的遗产。因为这家网店有固定的客源、良好的商誉,双方都认为具有一定的财产价值。但网店作为网络虚拟财产如何评估其价值,如何确定其归属,成了案件处理的难点。经过多轮调解,最终双方达成调解协议:网店由妻子方继续经营,妻子方支付父母方一定的网店折价款,双方共同向平台申请变更网店经营者。

2019年,杭州互联网法院受理了一起涉及数字货币——比特币的纠纷。原告通过某网络购物平台向被告购买了几个比特币并储存于被告所提供的比特币钱包中。后被告网站关闭,导致原告所购比特币无法找回,给原告造成损失。被告以比特币属非法财产、在我国不受法律保护为由提出抗辩。

杭州互联网法院虽然以被告主体不符驳回了原告的诉讼请求,但在判决中对比特币作为虚拟财产、商品的属性及对应产生的财产权益作出了认定。财产作为权利客体,需具备价值性、稀缺性、可支配性。比特币通过“矿工”“挖矿”生成，既需要投入物质资本用于购置与维护具有相当算力的专用机器设备，支付机器运算损耗电力能源的相应对价，也需要耗费相当的时间成本，因此比特币作为网络虚拟财产是具有一定价值的一种财产性权利。

《民法典》确定了网络虚拟财产的法律属性，回应了互联网时代下法律实践中的呼声，也让我们对立法机关下一步针对数据、网络虚拟财产的立法保护充满期待。

07 分手后，“补偿协议”有效吗？

社会热点

现如今，婚恋自由观念已深入人心。由于经济收入、利益冲突以及追求个性自由等因素，恋人分手、同居“散伙”、夫妻离异的现象时有发生。而公平交易、等价有偿等市场经济运行规则也融入社会生活的方方面面，男女双方分手时，出现了索要“分手费”、约定“协议补偿”的现象。

案 例

老俞和女子张某都有家室子女。10 多年前两人相识后，在没有和自己配偶离婚的情况下，两人抛弃双方家庭，同居在一起生活。2018 年两人分手，分手时，张某提出让老俞补偿她 5 万元“分手费”。经中间人调解，老俞同意给张某 4 万元。在付了 3 万元后，老俞写下了一张 1 万元的欠条。但后来张某一直要不到这 1 万元，于是起诉至法院。

案件审理过程中，老俞辩称，双方原系情人关系，没有借贷事实及借贷往来，借条是受张某胁迫所写。在证据面前，张某承认借条上的 1 万元是“分手费”。法院审理后认为，该债务实为“分手费”转化而来，且有损公序良俗，双方之间并不存在借贷事实，故该借贷合同无效。张某的诉讼请求于法无据,依法不予支持。

法 条

民事主体从事民事活动,不得违反法律,不得违背公序良俗。(《民法典》第8条)

违背公序良俗的民事法律行为无效。(《民法典》第153条第2款)

专家说法

违背公序良俗,民事法律行为无效

薛军(北京大学法学院教授)

案例所涉"分手补偿协议"因违反公序良俗被法院认定为无效。法院的这一处理思路与《民法典》所规定的公序良俗原则以及违背公序良俗的民事法律行为无效的规定相一致。公序良俗原则在《民法典》之前的民事法律之中已经有所体现,《民法典》将其表述得更加完整和全面。

公序良俗一般包括公共秩序与善良风俗:前者主要包括政治、经济领域具有基础性意义的秩序;后者主要包括为全体社会成员普遍认同并且遵循的基础性道德准则,主要包括社会道德、家庭道德与职业道德等。《民法典》之所以规定公序良俗原则，主要是因为立法者不可能针对社会成员在所有场景下的所有行为，都给出事无巨细的法律上的定性与指引，这样既不可能也没有必要。所以对社会成员来说，在法律之外必然存在未被法律所评价的巨大的自主行动的空间。对于这些行为，法律并不完全放任，而是引入公序良俗作为一种弹性化的价值评价机制，以引导与确保民事主体的行为遵循公共秩序与善良风俗。

至于这一概念的具体内涵，则力求保持一定程度的开放性，由法官在具体个案中来严格认定民事主体的行为是否违反了公序良俗。法官在认定公序良俗的过程中尤其需要注意不能随意扩大其范围，避免过度干涉民事主体行动自由的空间。

如果相关主体的行为被认定为有悖于公序良俗，则会产生不同的法律效果。就违反公序良俗的民事法律行为（这一概念之下包括合同、遗嘱、婚姻合意以及其他身份性质的协议）而言，将被否认具有法律效力，当事人也不能以相关的合同为依据，去主张与国家强制执行相关的约定。

对于近年来社会上出现的“分手费”“青春补偿费”现象，无论是正常恋爱关系的结束，还是有配偶者非法同居关系的终结，给付“分手费”都是基于双方自愿的行为结果，该自愿给予的行为属于赠与行为。如果双方产生争议要通过法院解决，以金钱补偿“青春损失”，有违公序良俗，法律一般情况下是不予保护的。本案中，由于当事人约定的“分手补偿协议”产生的基础是明显违反婚姻家庭领域基本道德要求的婚外同居，在这种情况下，法院当然不能认可这种协议的法律效力，也不可能去强制执行这种约定。唯有如此，才能够体现国家法律对公序良俗的维护与保障。

在其他情况下，如果民事主体的行为违反公序良俗，可能构成特定情况下的权利滥用；如果故意以违背善良风俗的方法导致他人损害，则有可能构成应当承担民事责任的侵权行为。

总体来说，《民法典》所规定的公序良俗原则是民事生活领域的基础性原则。这一原则要求民事主体在生活中不仅要遵守法律的规定，也要遵循公共秩序以及基本的道德规范。

08 购买“刷流量”服务，能要回服务费吗？

社会热点

点击量造假、销量造假、好评造假……近年来，互联网上兴起“刷单”风潮，成为流量造假的“重灾区”。流量数据造假，弱化了流量本身所传达信息的真实性，侵犯了消费者的知情权，损害了公平竞争的市场秩序，使互联网商业生态公平公正秩序受到挑战，引发广泛关注。

案 例

李某与赵某为网友，二人签订服务合同，约定李某向赵某提供网络“刷单”服务，借“暗刷”流量引导网络游戏玩家增加游戏点击量，15 天内刷出 2700 万点击量。后赵某未按合同约定向李某支付服务费。为此，李某举报赵某在经营过程中弄虚作假，并以其未支付服务费将其起诉至法院。

法 条

民事主体从事民事活动，应当遵循诚信原则，秉持诚实，恪守承诺。（《民法典》第 7 条）

民事主体从事民事活动，不得违反法律，不得违背公序良俗。

(《民法典》第 8 条)

违反法律、行政法规的强制性规定的民事法律行为无效。但是,该强制性规定不导致该民事法律行为无效的除外。

违背公序良俗的民事法律行为无效。(《民法典》第 153 条)

专家说法

约定提供“暗刷”流量服务的合同无效

周志辉(北京市海淀区人民法院山后法庭副庭长)
陈雅楠(北京市海淀区人民法院山后法庭法官助理)

流量,是指互联网用户通过点击、浏览、转发等使用平台产品或平台服务的方式,经过反复积累而形成的网络数据,可以反映互联网用户对某种产品、服务、平台的需要和偏好,成为消费者选择商品的重要参考标准。流量背后具有巨大的经济价值,也因此出现了一种“得流量者得市场”的互联网商业竞争氛围。

当下,部分经营者为获取不正当商业利益,通过购买“刷单”服务,组织“刷手”进行虚假“刷单”,人为地制造出一种产品畅销的假象。这种操作扭曲了流量本身所传达商业信息的真实性,成本相对低廉的“暗刷”流量使同业竞争者的诚实劳动价值被减损,破坏了正当的市场竞争秩序,侵害了不特定市场竞争者的利益,并逐渐取代了以服务质量取胜的传统商业价值。这种“劣币驱逐良币”的行为破坏了正常的市场竞争秩序,污染了健康的互联网商业生态。另外,“暗刷”流量还会欺骗、误导网络用户选择与其预期并不相符的网络产品,长此以往,最终减损的是广大网络用户的福祉,属于侵害广大不特定网络用户利益的行为。

我国《民法典》以及其他法律对购买“暗刷”流量服务的行为作出了相关规定,流量的获取应当符合法律规定。《电子商务法》第 17 条规定,电子商务经营者不得以虚构交易、编造用户评价等方式进行虚假或者引人误解的商业宣传,欺骗、误导消费者。《反不正当竞争法》第 8 条规定,经营者不得对其商品的性能、功能、质量、销售状况、用户评价、曾获荣誉等作虚假或者引人误解的商业宣传,欺骗、误导消费者。经营者不得通过组织虚假交易等方式,帮助其他经营者进行虚假或者引人误解的商业宣传。由此可见,我国法律对以“刷单”等方式获取虚假流量行为的态度是明确的,虚假流量以虚假的数据信息作为宣传手段,误导消费者,对消费者具有欺骗性,同时也损害了其他诚信经营者的正当权益,为法律所禁止。

同时,根据《民法典》第 7 条的规定,民事主体从事民事活动,应当遵循诚信原则,秉持诚实,恪守承诺。《民法典》第 153 条规定,违反法律、行政法规的强制性规定的民事法律行为无效。互联网商家购买以获取虚假流量为目的的“暗刷”流量服务与《民法典》所规定的诚信原则不符,且违背了《电子商务法》等法律的强制性规定。

结合本案,李某、赵某双方签订以明显具有虚假性质的“刷单”交易为内容的合同,因其内容违反相关法律强制性规定,且与诚信原则、公序良俗不符,根据《民法典》第 7 条、第 153 条之规定,该合同属无效合同,李某所主张的服务费并无有效合同作为依据,且因其主张服务费乃基于提供非法服务,属非法获利,该主张不能被法院支持,还应被收缴。同时,购买“暗刷”流量服务的赵某,因其在经营过程中以虚假流量欺骗市场与消费者,该行为属于违法行为,根据相关法律规定,其将面临没收违法所得、罚款、吊销营业执照等处罚后果。

本案从法律层面为互联网上出现的各种形式的“刷单”获取流量的违法行为敲响了警钟,“刷单”作假有风险,“暗刷”流量会付出代价。只有遵守法律、诚信经营,顺应互联网商业发展的规律与潮流,才能被市场接受,为人们所认可。

09 海外旅行泡汤，团费能退吗?

社会热点

2020年年初新冠肺炎疫情来势汹汹,给各行各业造成很大影响。餐饮业停摆,租金给饭店经营者带来较大压力;交通物流受阻,货物无法按时送到买家手中;原料工厂停产,产品无法如约生产交付……旅游业受创尤其严重,退团、退费、退订等旅游纠纷频发。

案　例

2019年12月30日,张先生一家与某旅行社签订了出境旅游合同,行程为2020年1月25日至30日,共缴纳团费38,800元。因新冠肺炎疫情暴发,旅行目的地某国于2020年1月23日确诊首例感染新冠肺炎的病例。张先生一家认为,出行前国内疫情已开始,本地小区已封闭,出入需办理证件、量体温,考虑到从境外回国还会被隔离,也不安全,不愿意冒险完成这次行程,要求解除合同。

该旅行社则拒绝退还全部团费。被告代理人指出,2020年1月27日前出境游并未被禁止,涉案旅游合同不存在无法履行的情形,且原告预定乘坐的航班,于2020年1月26日正常起飞降落,同一旅行团的其他部分游客已完成此次行程并安全返回,取消行程系原告单方面自主放弃。

法　条

因不可抗力不能履行民事义务的,不承担民事责任。法律另有规定的,依照其规定。

不可抗力是不能预见、不能避免且不能克服的客观情况。(《民法典》第180条)

专家说法

疫情属不可抗力，旅行社应退还相应费用

皮剑龙(北京市金台律师事务所主任)

"天有不测风云",这在法律上被定义为"不可抗力"。

根据《民法典》的规定,关于不可抗力的认定标准一般从以下几个方面考虑:一是不可抗力是不可预见的客观情况,不可预见应当以一般人在事实发生时的预见能力为标准,判断某种现象是否可以预见。二是不可抗力是不可避免、不能克服的情况。不可避免、不能克服表明事件的发生和事件所造成的损害具有必然性,且已经超出了当事人的控制能力范围。三是不可抗力是一种客观情

况，独立于人的行为之外。

疫情本身或者政府采取的防控措施，将可能导致合同一方或者双方当事人无法继续履行合同，或者只能部分履行或者迟延履行，导致合同目的不能实现。因此，旅行受疫情影响而取消，属于突发公共卫生事件导致旅游合同无法履行，应当构成不可抗力。

疫情影响作为不可抗力，有两种处理方式：一是变更旅游合同，二是解除旅游合同。具体到本案，需要解决两个问题：第一，张先生与旅行社之间签订的旅游合同是否能够解除；第二，关于退费的问题，旅行社是否需要全额退还张先生一家的全部费用。

由于出国前，国内疫情已经开始，国家实施了一系列疫情防控措施，客观上造成旅游合同无法继续履行。即便其他游客正常出行，也并不能因此要求张先生一家不顾极大的健康风险贸然出行。事实上，文化和旅游部办公厅也于 2020 年 1 月 26 日发布紧急通知，明确规定，即日起，全国旅行社及在线旅游企业暂停经营团队旅游及“机票 + 酒店”旅游产品。已出行的旅游团队，可按合同约定继续完成行程。行程中，要密切关注游客的身体状况，并做好健康防护。基于此，张先生有权依据不可抗力的规定解除合同。

《民法典》规定，“因不可抗力不能履行民事义务的，不承担民事责任。法律另有规定的，依照其规定。”因此，一般情况下，因疫情的原因解除合同的，消费者不承担民事责任，有权要求旅行社全额退还费用。

由于本案是旅游合同纠纷，还应当依照《旅游法》的相关规定解决。该法规定，因不可抗力或者旅行社、履行辅助人已尽合理注意义务仍不能避免的事件，影响旅游行程的，在合同解除的情形下，组团社应当在扣除已向地接社或者履行辅助人支付且不可退还的费用后，将余款退还旅游者；合同变更的，因此增加的费用由旅游者承担，减少的费用退还旅游者。因此，本案中，旅行社应当在扣除已向地接社或者履行辅助人支付且不可退还的费用后，将余款返还给张先生一家。

10 “救不救”“帮不帮”？ 如何不让“英雄流血又流泪”？

社会热点

见义勇为是中华民族的传统美德。而随着“扶老人反被讹”等案件带来的负面效应，“扶不起”“不敢帮”成了社会痛点，不少人对见义勇为畏首畏尾。《民法典》设立“好人条款”，以此为见义勇为者“撑腰”，不让“英雄流血又流泪”。

案　例

某日，在湖南常德火车站，一名男子突发疾病倒地不醒。两名路过的女医学生对该男子进行心肺复苏和人工呼吸，直至救护车到来。但很不幸，男子依旧不治身亡。两位姑娘的救人视频传到网络上后，竟有人留言“次日男子家属把两名学生告上法庭，原因是两个女学生没有行医资格证，这剧情怎么样”。后来，男子家属发声：“人走了，但必须要感恩。”对于网络恶评，家属也表示“不明真相地随便评论是不道德的行为”。

法　条

因保护他人民事权益使自己受到损害的，由侵权人承担民事责任，受益人可以给予适当补偿。没有侵权人、侵权人逃逸或者无力承担民事责任，受害人请求补偿的，受益人应当给予适当补偿。(《民法典》第183条)

因自愿实施紧急救助行为造成受助人损害的，救助人不承担民事责任。(《民法典》第184条)

专家说法

让见义勇为者没有后顾之忧

张瑜(上海理彰律师事务所律师)

火车站，两位女学生紧急救治发病的陌生人；将6个月的孩子放在地上，一位年轻的妈妈在电梯里对突发心梗老人进行心肺复苏；在商场里保护同行女伴，脚踹猥亵男的小伙子……媒体报道的这些助人之举，让人不由自主地感到一股暖流。人和人之间本就是相互依存的关系，如何建设而不是破坏这种关系，这是《民法典》立法的价值导向之一。

根据《民法典》的相关规定，见义勇为者不承担民事责任。说到对见义勇为条款立法时，还有一段复杂的过程。

一段时间以来，"扶老人反被讹"等案件带来一系列负面效应，人们"扶不起""不敢帮"，由此形成的社会风气让人沮丧。于是,在《民法典》的总则部分立法时,为了匡正社会风气,不少人建议立法鼓励见义勇为。

最初法律草案中保留了"重大过失"条款,规定"救助人因重大过失造成受助人不应有的重大损害的,承担适当的民事责任";为降低救助人风险,又修改为"受助人能够证明救助人有重大过失造成自己不应有的重大损害的,救助人承担适当的民事责任"。但不少人提出,这会让见义勇为者心存疑虑,无法免除后顾之忧。为了倡导培育和见义勇为、乐于助人的社会风尚,《民法典》最终完全删除"重大过失"条款。这样,《民法典》第 184 条就成为见义勇为者的"护身符"。

从法条来看,见义勇为有 3 个特征:自愿性、利他性和紧急性。自愿性,就是救助人自愿对他人紧急救助,这区别于专业救助行为和职业行为;利他性,是以救助为目的,为受助人的利益而紧急实施救助;紧急性,则是不紧急救助可能导致难以挽回的损害。

凡属于见义勇为的行为,即使行为对受助人造成损害,救助人也不承担民事责任。救助人自己受到损害的,有侵权人的,侵权人承担责任;没有侵权人,救助人请求的,受助人适当补偿。

值得一提的是,补偿不同于赔偿。赔偿一般是填平原则,也就是损失多少赔偿多少。同时,赔偿方在法律上有过错;而补偿则是损失的一部分,补偿方在法律上没有过错,只是基于公平原则适当地进行补偿,补偿的金额要根据受害方受损情况和受益方的受益情况等多种因素确定。当然,为了构筑助人为乐、见义勇为的良好风尚,很多地方设立了见义勇为基金,以弥补对见义勇为者的损害。

《民法典》的见义勇为条款最大限度地免除了救助人的后顾之忧,价值导向鲜明,有助于培育良好的社会风尚,激发越来越多的正能量。

11 肇事者被阻猝死谁之过?

社会热点

现实生活中,总有个别人违反社会公德,甚至公然违法犯罪。好心人对不法或不良行为合理阻止,具有正当性,值得肯定和鼓励。近年来,一系列肇事者被阻猝死或受伤后,好心人不担责的判决,也向社会公众明确传递出法律保护善人善举的信号,司法裁判还"好事者"以公道,既没有让正直的人无辜受到伤害,也守护了社会的正能量,引得公众点赞。

案 例

2017 年 5 月 2 日,段某和杨某先后进入电梯内,因段某在电梯内吸烟,杨某进行劝阻,二人发生言语争执。段某与杨某走出电梯后,仍有言语争执,双方被物业工作人员劝阻后,杨某离开,段某与物业工作人员一同进入物业办公室,后段某心脏病发作猝死。之后,段某的妻子田某将杨某告上法庭。一审法院根据公平原则,判决杨某赔偿田某 15,000 元,驳回田某的其他诉讼请求。田某不服,提出上诉。2018 年 1 月 23 日,市中级人民法院二审公开宣判,撤销一审民事判决,驳回田某的诉讼请求。

法 条

民事主体依照法律规定或者按照当事人约定，履行民事义务，承担民事责任。(《民法典》第 176 条)

行为人因过错侵害他人民事权益造成损害的，应当承担侵权责任。(《民法典》第 1165 条)

专家说法

“法不能向不法让步”

钟能利(广东省广州市荔湾区人民检察院检察官)

肇事者被阻猝死的情形，劝阻者通常都是因不构成犯罪，所以不被追究刑事责任。劝阻者免于刑事责任后，由于肇事者已经猝死，死亡一方的家属往往要求劝阻者承担民事责任。对于劝阻者是否要承担民事责任，要根据案件的事实，依据我国民法的相关规定加以分析判断。劝阻者对实施不法或不良行为的人进行劝阻的行为，通常都是好意行为或者维护社会公德的行为，在社会生活中也是很普遍的行为，根据一般生活经验，绝大多数的劝阻行为本身就不可能造成他人身体损害，因此，不是民法所规定的侵权行为，当然就不需要承担民事责任。

根据《民法典》第 1165 条的规定，劝阻行为引发纠纷，人身损害侵权责任承担采取的是过错责任原则。要根据具体案情而定。

首先,要分析判断劝阻者所实施劝阻行为有没有造成他人人身损害的可能,以及造成人身损害的程度、结果等情形。

其次,要分析判断劝阻行为与损害结果,特别是与死亡结果之间是否存在因果关系。最后,要分析判断劝阻者在实施制止行为过程中是否存在过错,也就是劝阻者在行为过程中是否存在故意或者过失。通常来说,猝死一般都是由于不法行为者自身原因引发的,劝阻者对猝死这个死亡的结果一般来说是不能预见也不可预见的。也就是说,劝阻者对猝死这个死亡的结果是没有过错的,劝阻者对不法行为者猝死这个结果不用承担民事责任。

最后,如果劝阻者的制止行为本身有可能造成不法行为人的人身损害,而且事实上也造成了不法行为人的人身损害,也要根据《民法典》第 181 条的规定,分析判断劝阻者的制止行为是否属于正当防卫;如果属于正当防卫,也不用承担民事责任。只有正当防卫超过必要的限度,造成不应有的损害的,正当防卫人才应当承担适当的民事责任。

如上述案例中,杨某劝段某不要在电梯内吸烟,继而产生言语争执属于偶发事件。两人虽居住在同一小区,但此前并不认识,杨某不知道段某患有心脏疾病,因此也无法认识到自己的行为会造成段某死亡的结果,当杨某知道段某突发心脏病后,积极参与施救,也可印证其不希望段某死亡,也不存在放任段某死亡的心态。所以,杨某主观上并不具有伤害段某的故意。再者,杨某没有预见段某患有心脏疾病的可能性,不存在疏忽大意而没有预见,或者已经预见而轻信能够避免的情形,故杨某主观上也不存在过失。

也就是说，杨某劝段某不要吸烟的行为属于正当劝阻行为，没有侵害段某生命健康的故意或过失，段某不幸死亡与其自身患有心脏疾病有关，与杨某的行为不存在法律上的因果关系，因此，杨某不需要承担刑事责任。

总之，实施不法行为或者不良行为，这种行为本身就是违反法律或者违背公序良俗的，而劝阻者通常都是制止、减少不法或不良行为的发生，维护社会和谐稳定，是社会公德所倡导的行为，理所当然不用承担民事责任，“法不能向不法让步”。我国《民法典》《刑法》对于劝阻者不用承担民事责任和刑事责任提供了体系化的法律保障，同时，根据《民法典》第 183 条的规定，对于因保护他人民事权益而受到损害，规定了补偿制度。对劝阻者进行法律保护，完善权利保护机制，对弘扬社会主义核心价值观，增加人民群众的获得感、幸福感和安全感，都有十分重要的意义。

12 如何捍卫英雄烈士的荣光?

社会热点

英烈事迹和英烈精神是中华民族的共同历史记忆,也是社会主义核心价值观的重要体现。社会上曾一度出现以各种手段歪曲历史事实,诋毁、侮辱英雄人物和烈士的现象,尤其是网络上恶搞红色经典,恶意解构、丑化英雄烈士形象的行为,给网络环境带来不良影响。

英雄者,国之干。肆意歪曲、亵渎英烈事迹和英烈精神,损害英雄烈士人格利益的行为,触碰了社会的道德及法律底线,需要承担相应的法律责任。

案 例

2018 年 5 月 12 日,江苏省淮安市某小区一高层住宅发生火灾,消防战士谢勇在解救被困群众时坠楼,壮烈牺牲。5 月 13 日,公安部批准谢勇为烈士并颁发献身国防金质纪念章。5 月 14 日,谢勇被追认为中国共产党党员,江苏省公安厅追记谢勇一等功,淮安市政府追授谢勇“灭火救援勇士”荣誉称号。

同日,淮安市民曾某对谢勇救火牺牲一事在微信群中发表“不死是狗熊,死了就是英雄”等侮辱性言论。因该微信群人员较多、人员分布范围较广，曾某故意歪曲谢勇英勇牺牲事实、恶意侮辱谢勇烈士的言论在本地造成了较为恶劣的影响。淮安市人民检察院就曾某的行为向淮安市中级人民法院提起民事公益诉讼。淮安市中级人民法院经审理后，判决被告曾某在本地市级报纸上对自己的错误言行公开赔礼道歉。

法 条

为了保护民事主体的合法权益，调整民事关系，维护社会和经济秩序，适应中国特色社会主义发展要求，弘扬社会主义核心价值观，根据宪法，制定本法。(《民法典》第1条)

侵害英雄烈士等的姓名、肖像、名誉、荣誉，损害社会公共利益的，应当承担民事责任。(《民法典》第185条)

专家说法

以法治方式向亵渎英烈说“不”

赵文(江苏省淮安市中级人民法院法官)

英雄烈士是国家崇高理想和民族精神的体现，是中华民族的脊梁，“逆火而行”的英雄应该得到全社会的尊崇。

网络不是法外之地，任何人不得肆意歪曲、亵渎英雄事迹和英烈精神。过去一段时间内,刘胡兰、邱少云、董存瑞、黄继光、“狼牙山五壮士”等英雄烈士形象被不同程度地解构、歪曲。这些负面事件不仅损害了英雄烈士的人格利益,也亵渎了英雄烈士身上所体现的社会主义核心价值观,侵犯了社会公共利益,造成了恶劣的社会影响。

近年来,我国不断强化对英雄烈士的保护。《英雄烈士保护法》规定,对侵害英雄烈士的姓名、肖像、名誉、荣誉的行为,英雄烈士的近亲属可以依法向人民法院提起诉讼。同时该法还建立了对侵害烈士名誉、荣誉案件的公益诉讼制度,即英雄烈士没有近亲属或者近亲属不提起诉讼的,检察机关有权依法对侵害英雄烈士的姓名、肖像、名誉、荣誉,损害社会公共利益的行为向人民法院提起诉讼。本案作为全国首例英烈保护公益诉讼案,是以法治方式捍卫英雄烈士荣光的可贵尝试,体现了司法机关捍卫英雄烈士人格利益的坚定决心。

《民法典》规定,侵害英雄烈士等的姓名、肖像、名誉、荣誉,损害社会公共利益的,应当承担民事责任。这一“英烈条款”体现了弘扬社会主义核心价值观的立法目的,是《民法典》对捍卫英雄烈士呼声的有力回应。

从该法条来看,英雄烈士的姓名、肖像、名誉、荣誉等人格利益所体现的社会公共利益,应当理解为民族的共同记忆、共同情感和民族精神。侵害英雄烈士的名誉、荣誉等,不仅损害了英雄烈士的人格利益,而且损害了英雄人物及其英雄事迹所体现的全社会、全民族的历史记忆和共同情感,也损害了英雄烈士身上所代表的社会主义核心价值观。

英雄烈士的人格利益不容亵渎,不容诋毁。公民享有言论自由,但在行使自由和权利的同时,不得损害国家的、社会的、集体的利益和其他公民的合法权利。以侮辱、诽谤、贬损、丑化或者违反社会公德的其他方式侵害英雄烈士的名誉、荣誉等人格权益及其所体现的社会公共利益的,应当承担侵权责任。

司法是维护社会公平正义的最后一道防线。人民法院通过司法裁判扶正祛邪,传播司法正能量,弘扬社会主义主旋律,能够引导人民群众树立正确的历史观、民族观、国家观,营造敬重英烈、崇尚英烈、捍卫英烈的法治环境。

13 权利行使也有“保质期”吗？

社会热点

多年前在公交车上受了伤，不知公交公司是否应该承担责任；债务人长年杳无音讯，借条压在箱底5年了，债权人才想起来要起诉。这种情况下，权益受损的一方，想要通过法律渠道获得救济的难度很大，其中一个现实的障碍就是“诉讼时效”。很多人意识不到主张权利是有时间限制的，成为躺在权利上的“沉睡者”，过了诉讼时效而无法获得法律保护的案例时有发生。

案 例

王某的父亲在帮助邻居拆旧房时，从屋顶摔了下来，导致其3根肋骨骨折。因为忙于治疗，也碍于邻里情面，就没有提起人身损害赔偿的诉讼。此后，在村民委员会的调解下，邻居赔付了部分医疗费用，其他的费用却一概不认。犹豫拖延了许久，王某一家提起诉讼，邻居以超过诉讼时效为由予以抗辩，法院因此驳回了王某一家的诉讼请求。

法 条

向人民法院请求保护民事权利的诉讼时效期间为三年。法律另有规定的,依照其规定。

诉讼时效期间自权利人知道或者应当知道权利受到损害以及义务人之日起计算。法律另有规定的,依照其规定。但是,自权利受到损害之日起超过二十年的,人民法院不予保护,有特殊情况的,人民法院可以根据权利人的申请决定延长。(《民法典》第188条)

未成年人遭受性侵害的损害赔偿请求权的诉讼时效期间,自受害人年满十八周岁之日起计算。(《民法典》第191条)

专家说法

适当延长诉讼时效,促进权利及时行使

范晓红(北京百行宜众助残法律服务与研究中心主任)

生活中无处不在的"保质期",同样适用于法律救济程序。规定诉讼时效首先是引导公众尊重维护法律秩序,及时启动法律救济,避免当事人在主张自己权利上"沉睡不醒",因时隔久远,举证困难,遭受不利损失,影响法律的公信力。同时,诉讼时效也能让法律程序更加合理,提高审判机关的效率,降低民事纠纷的维权成本。

但超过诉讼时效的案件,并不代表绝对的权利受损。除了最长20年的保护时效外,《民法典》还规定了人民法院不得主动适用

诉讼时效，当事人可以申请延长诉讼时效，支持义务人自愿履行、同意履行，以及诉讼时效中止、中断与不适用诉讼时效等相关条款。可见，诉讼时效过期了虽然会增加法律救济成本甚至权利不能（完全）实现的风险，但其意图在于以此敦促当事人通过各种方式保护好自己的诉讼时效，用好权利救济的法律制度。

《民法典》将诉讼时效从 2 年延长到了 3 年。其必要性在于，民事纠纷往往涉及老百姓的家长里短，实践中由于法律知识的欠缺，很多人对诉讼时效的理解不到位，不利于对寻求法律救济一方的权利保护。同时，近年来的交易方式与类型不断创新，如跨境电商交易。权利义务关系复杂，受害一方确认被告身份、诉讼管辖等信息周期较长，要求权利人在 2 年诉讼时效期间内行使权利显得过短，有必要适当延长。

此外，《民法典》规定，未成年人遭受性侵害的损害赔偿请求权的诉讼时效期间，自受害人年满 18 周岁之日起计算，也引起了积极反响。

近年来未成年人被熟人性侵案件多发，包括被身边的监护人（法定代理人）、老师、亲属长辈等性侵，受害人成年后作为完全民事行为能力人，方有权利和能力独立提起民事诉讼，维护自身的合法权益。

同时，对未成年人的性侵害案件一旦发生，隐蔽性、持续性较强，无论以首次事发日期还是末次事发日期作为诉讼时效的起始日，显然均对受害人的保护不利，对加害人也起不到应有的震慑作用。新的诉讼时效，可以说是对特殊群体的特殊保护制度。

物权

Real Rights

14 电梯间频现广告，收入归谁所有？

社会热点

如今，越来越多的商家选择在小区电梯间内投放广告。一方面，电梯广告的费用较为便宜；另一方面，小区居民每日多次乘坐电梯，广告宣传效果较为明显。但是，很多小区居民并不清楚这笔广告收入该归谁所有。随着电梯广告的普及，出现了不少物业公司占有广告收益、业主委员会起诉要求返还的案件。

案 例

2015 年至 2019 年，某物业公司共收取小区电梯广告费 6.4 万元。小区业主委员会成立后，要求归还这笔费用时遭到物业公司拒绝。该公司称广告费系经营性收入，应该用于弥补物业服务费的不足。小区业主委员会后将该物业公司诉至法院，要求其退还 6.4 万元的电梯广告费。

法院认为，涉案小区的电梯出租收取的广告费应归该小区的全体业主所有。本案讼争的广告费为物业公司所占有，其并没有提供物业服务费亏损的依据，也与事先出具的代管电梯广告租金收入的公示内容相违背，应对涉案广告费予以返还。

法 条

建设单位、物业服务企业或者其他管理人等利用业主的共有部分产生的收入,在扣除合理成本之后,属于业主共有。(《民法典》第 282 条)

建筑物及其附属设施的费用分摊、收益分配等事项,有约定的,按照约定;没有约定或者约定不明确的,按照业主专有部分面积所占比例确定。(《民法典》第 283 条)

业主可以自行管理建筑物及其附属设施,也可以委托物业服务企业或者其他管理人管理。

对建设单位聘请的物业服务企业或者其他管理人,业主有权依法更换。(《民法典》第 284 条)

专家说法

共有部分的收益归全体业主所有

王延川(西北工业大学教授)

实践中,商家多与物业公司洽谈小区电梯广告事宜,事后也会将广告费直接支付给物业公司,有些物业公司据此认为广告费归自己所有。这种观点是不恰当的。

小区不动产分为两部分:一是专有部分,二是共有部分。专有部分是业主购买的小区单元房,对此部分业主拥有专有权,即单独所有权。共有部分包括小区内的公共场所、公用设施和物业服务用房等,对此业主拥有共有权,即共同所有权。全体业主对共有部分享有占有、使用、收益和处分的权能。

据此,电梯作为公用设施,属于小区共有部分,即全体业主对此拥有共有权。租赁电梯所得广告费属于共有部分的收益,该收益理应归于共有权人,即全体业主。

民法上的共有分为按份共有和共同共有。前者是指共有权人享有份额的共有,如二人各出一半资金购买某物;后者是指基于某种原因而产生的对共有物不分份额的共有,业主对小区电梯即属于共同共有,业主不得要求对此进行分割。基于电梯租赁产生的收益,业主享有共同共有权,要实现该权利应经过分配程序,即业主大会的决议。业主可以请求业主委员会召开业主大会进行分配。分割的标准是按照全体业主事先的约定;如果没有约定,按照每个业主单元房面积在整个专有部分中所占比例进行分配。

司法实践中,物业公司通常会提出其对广告费有合理使用的权利,如将广告费用于补贴物业管理服务费等,以此拒绝返还广告费。这种观点也是错误的。

物业公司对广告费的使用要经过业主大会决议而定。但以下两种情况除外:一是用于广告管理支出;二是用于专项维修资金。电梯广告的运营需要物业公司维持,维持是为了全体业主的利益,维持成本当然要从广告费中扣除,因此不需要业主大会决议。按照《物业管理条例》第 54 条和《住宅专项维修资金管理办法》第 27 条的规定,利用小区共有部分进行经营的,业主所得收益应当转入住宅专项维修资金滚存使用,但业主大会另有决定的除外。作出这种规定的意图在于,共有部分收益在业主大会未决议分配时,不能被物业公司等主体不当使用,应当认定该收益用于补充专项维修资金,且该资金也属于业主共有。

本案中,物业公司对广告费的收取在法律性质上属于占有权,而非所有权,其义务是将该收益移交全体业主或者业主委员会,物业公司违反该义务,性质上属于侵权行为。业主是所有权人,业主委员会可以代表业主予以起诉,要求物业公司对该收益的占有进行返还。由于物业公司不能举证证明其将广告费用于广告管理支出或者专项维修资金,法院依法认定物业公司应当承担广告费的返还责任。

当前,小区物业利用电梯间、停车位等共有设施和公共场地进行经营的行为较为普遍。对此,应遵循《民法典》的原则和精神,让公共收益的收支情况更加透明,保障业主真正享受到公共收益。

15 车辆乱停乱放，能被禁止驶入小区吗？

社会热点

小区是所有业主共同的家园。业主享有广泛的权利，同时也应履行共同的义务，应当遵守法律，尊重社会公德，遵守业主管理公约。近年来，随着私家车越来越多地走进寻常百姓家，小区车位不足的问题日益突出，不文明停车行为时有发生。如果业主不顾社会公共利益和他人合法权益行使权利，可能构成权利滥用，由此导致的不利后果要由自己来承担。

案　例

浙江省衢州市某小区建成后，地面停车位仅有 20 余个，远远满足不了全部业主的停车需求。有的业主为图方便省事，常将自家车辆随意停放在车位之外的小区道路上。物业和相关部门经常对违停业主开展劝导，但收效甚微。

2019 年上半年，该小区所属物业公司根据部分业主的建议，制定了《小区车辆管理公约（试行）》，得到 2/3 以上业主赞成。该公约规定，小区地面停车位先到者先得。对小区内违规停放的车辆，物业公司将进行文明劝阻，劝阻后仍不配合者，报综合执法局、公安交警及消防部门处理，类似行为累计 3 次的，删除车辆的自动识别信息等。

管理公约实施后，周某等业主仍然经常将自家车辆停放在车位之外，且对合理劝导不予理睬，并拒绝在文明停车承诺书上签字。2019 年 5 月，物业公司依据管理公约，删除了闸道口周某等车辆的自动识别信息。2019 年 12 月，周某等以通行权受侵犯为由，向法院起诉物业公司。

2020 年年初，衢州市衢江区人民法院依法审理了这起案件，判决驳回周某的诉讼请求。周某不服，提起上诉，衢州市中级人民法院二审维持了原判。

法 条

业主应当遵守法律、法规以及管理规约，相关行为应当符合节约资源、保护生态环境的要求。对于物业服务企业或者其他管理人执行政府依法实施的应急处置措施和其他管理措施，业主应当依法予以配合。

业主大会或者业主委员会，对任意弃置垃圾、排放污染物或者噪声、违反规定饲养动物、违章搭建、侵占通道、拒付物业费等损害他人合法权益的行为，有权依照法律、法规以及管理规约，请求行为人停止侵害、排除妨碍、消除危险、恢复原状、赔偿损失。

业主或者其他行为人拒不履行相关义务的，有关当事人可以向有关行政主管部门报告或者投诉，有关行政主管部门应当依法处理。（《民法典》第 286 条）

专家说法

管理公约面前业主“任性”不可取

郭林(华中科技大学社会学院副教授)

随着人们生活水平的提高,设置车位、车库已经成为住宅小区的标配。但是,由于小区车位规划不足和汽车保有量快速增加等原因,不少小区停车难问题长期得不到解决,给业主生活带来不便,由此引发的法律纠纷也较为常见。

《民法典》通过规定业主对建筑物专有部分以外共有部分的权利义务,并明确小区物业管理的规范要求和具体事项,为业主自治与物业管理提供了基本准绳。在小区治理过程中,业主与物业管理者作为基本主体,规范制定和严格执行管理规约,是提升小区管理效率与维护小区秩序的关键举措之一。

《民法典》规定了业主对建筑物专有部分以外的共有部分,享有共有和共同管理的权利。建筑区划内占用业主共有的道路或者其他场地用于停放汽车的车位,属于业主共有。在本案中,周某等作为业主拥有优先使用小区地面停车位的权利。但是,这种权利的使用不应超出应有的范围,并要遵守法律、法规以及管理规约,否则就属于损害公共利益和有违社会公德的权利滥用。

《民法典》规定了业主的权利和义务,明确制定和修改了管理规约等事项,应当由专有部分面积占比 2/3 以上的业主且人数占比 2/3 以上的业主参与表决,经参与表决专有部分面积过半数的业主且参与表决人数过半数的业主同意。

本案中的物业公司根据部分业主建议,制定了《小区车辆管理公约(试行)》,对本小区内违规停放车辆的处理作出规定,明确提出不文明停车“类似行为累计 3 次的,删除车辆的自动识别信息”。该公约获得了 2/3 以上业主赞成,是业主均需遵守的规范。然而,在公约实施后,周某等业主仍然经常在小区车位之外的地面停车,不仅超出了使用停车位的权利,而且违背了管理公约,损害了小区大部分业主的公共利益。根据该管理公约,其车辆失去了自由出入小区的权利。

本案中,物业管理方根据有效的管理公约规范业主停车,并依规对多次违反规定的业主车辆进行处理,是维护小区停车秩序与整体利益的正当举措,并不存在管理不当与侵权的问题,违规停车的业主应当承担由于自身不当行为产生的后果。

该案提醒我们,对个别业主无视公共利益的“任性”行为应引以为戒。业主权利定位应以满足大部分业主的合理诉求为准,这不仅是保障业主权利的真正内涵,也是维护社会公正和弘扬社会公德的具体表现。

16 捡到手机，能要求失主支付“感谢费”吗?

社会热点

捡到手机后要求失主支付“感谢费”,拾得钱包后要求失主支付“好处费”……现实生活中,一些人做了好事之后要求对方“报答”的例子并不少见。原本作为社会美德的拾金不昧精神被明码标价,被当作一种带有商业性质的交易行为,让做好事变了味。

案　例

小琳于2019年10月不慎将苹果手机落在某露天广场,小琳辗转通过该广场的监控发现,丢失的苹果手机被杜某拾得。小琳联系到杜某,杜某承认他曾拾得一部苹果手机,但要求小琳支付“答谢费”900元以及他为手机更换手机膜和手机壳花费的100元,共计1000元。小琳表示1000元太多,难以接受。双方争执不下,小琳遂选择报警处理。

法　条

拾得遗失物,应当返还权利人。拾得人应当及时通知权利人领取,或者送交公安等有关部门。(《民法典》第314条)

有关部门收到遗失物,知道权利人的,应当及时通知其领取;

不知道的,应当及时发布招领公告。(《民法典》第315条)

权利人领取遗失物时,应当向拾得人或者有关部门支付保管遗失物等支出的必要费用。

权利人悬赏寻找遗失物的,领取遗失物时应当按照承诺履行义务。

拾得人侵占遗失物的,无权请求保管遗失物等支出的费用,也无权请求权利人按照承诺履行义务。(《民法典》第317条)

专家说法

莫对“感谢”标价格

杨帆(北京林业大学法学系副教授)

生活中索要“感谢费”的事件时有发生,并被曝光于网络,引起热议。绝大多数网民都认为对“感谢”标价的行为是不合理的,不值得,也不应该支持。公民的朴素正义感向来是法律的坚实基础,这说明情与法从来都是相互融通的。

我国《民法典》对此进行了相关规定。首先,自然人在拾得他人遗失物后负有返还该物的当然义务。《民法典》第314条规定,拾得遗失物,应当返还权利人。拾得人应当及时通知权利人领取,或者送交公安等有关部门。物主不因其财产丢失而对其失去所有权,遗失物虽然转移了占有,但所有权仍在。而拾得人,作为现实的无权占有人,对他人财产并不享有所有权,其负有返还义务。其次,拾得人可以向物主主张必要费用。所谓必要费用,即拾得人为保管、维护拾得物而支付的必要的费用。最后,法律是否支持拾得人向物主主张其他费用呢?根据《民法典》第317条第2款的规定,权利人悬赏寻找遗失物的,领取遗失物时应当按照承诺履行义务。可知,物主刊登悬赏广告的,拾得人据此可以向物主主张悬赏费用。

综上,我们可以知道,拾得人负有法定义务返还遗失物,在返还遗失物的过程中可以主张必要费用。同时,如果物主发布了归还遗失物的悬赏广告,那么拾得人还可以向物主主张悬赏费用,物主负有支付悬赏费用的法定义务。除此之外,我国法律并不支持拾得人所主张的"感谢费",拾得遗失物后索要"感谢费"的行为并无法律依据。

结合本案,小琳在露天广场遗失手机,拾得人杜某负有当然的返还义务,其主张的900元"感谢费"并无法律依据。同时,杜某为手机更换新的手机膜与手机壳的花费并不能被认定为必要费用。原因在于:首先,该手机并不会因为不更换新的手机膜和手机壳而有失完整或者毁损,故更换手机膜与手机壳对于该手机而言并非必要,该笔花费不能被认定为必要费用。其次,根据我国《民法典》第317条第3款的规定,拾得人侵占遗失物的,无权请求保管遗失物等支出的费用,也无权请求权利人按照承诺履行义务。杜某更换新手机膜和手机壳的行为明显带有欲将手机据为己有的倾向。因此,对于更换手机膜与手机壳所花费的100元,杜某无权向小琳主张。

综上，索要“感谢费”的行为于法无据，于理不通，于情不合。拾金不昧既是我国的传统美德，也是法律对公民的基本要求。对于拾金不昧者，物主可以通过多种方式表达感谢，但是，这种感谢不是被动的、被要求的，更不应该是明码标价的。

17 地下挖出“宝”，该归谁所有？

社会热点

近年来，从地下“挖出宝”的事件频现于网络，比如，挖出银元、元宝、古董等珍贵物品。人们对这些埋藏物的所有权归属常常产生争议，进而引发社会的关注。

案　例

安徽省的李某在某旧宅庭院挖树时发现一坛银元，文管所得知后将银元收回。李某谎称该旧宅为其祖宅，银元系祖先埋下，应归其所有，但并无证据证明。文管所则认为，地下出土的文物属于国家所有。

法　条

法律规定属于国家所有的文物，属于国家所有。（《民法典》第 253 条）

拾得遗失物，应当返还权利人。拾得人应当及时通知权利人领取，或者送交公安等有关部门。（《民法典》第 314 条）

遗失物自发布招领公告之日起一年内无人认领的，归国家所有。（《民法典》第 318 条）

拾得漂流物、发现埋藏物或者隐藏物的，参照适用拾得遗失物的有关规定。法律另有规定的，依照其规定。（《民法典》第319条）

专家说法

挖出贵重埋藏物，举证很重要

陈珊珊（北京市大兴区人民法院经济技术开发区法庭副庭长）
桂洋（北京市大兴区人民法院法官助理）

埋藏物，是指藏于他物之中，不容易从外部发现的物。近年来，由发现埋藏物引发的所有权归属问题频现于网络，引起人们的讨论。

根据《民法典》第314条的规定，拾得遗失物，应当返还权利人。拾得人应当及时通知权利人领取，或者送交公安等有关部门。第318条规定，遗失物自发布招领公告之日起1年内无人认领的，归国家所有。第319条规定，拾得漂流物、发现埋藏物或者隐藏物的，参照适用拾得遗失物的有关规定。

埋藏或隐藏于公民祖宅，且能够证明属于其祖产的埋藏物，在无法律明文规定禁止其拥有的情况下，应判定属于该公民私人财产。本案中，涉案银元年代久远，李某声称该旧宅系其祖宅，银元系祖辈埋下,但其并未拿出有效证据对其主张进行证明,其对该银元的权利主张不能得到支持,所以李某无法取得该银元的所有权。此时,该银元的权利归属处于不确定状态,应当依据《民法典》关于发现埋藏物的规定予以确定。即由公安机关等相关部门发布对该银元的招领公告,权利人自公告之日起 1 年内对该银元进行认领(须对其主张进行证明),若 1 年期限之内无人认领,则该银元归国家所有。

有些埋藏物年代久远,兼具有经济价值与文物价值,属于文物。文物的归属是否同样适用埋藏物的规定?根据《民法典》第 253 条的规定,法律规定属于国家所有的文物,属于国家所有。《文物保护法》第 5 条规定,"中华人民共和国境内地下、内水和领海中遗存的一切文物,属于国家所有"。同时,我国法律并未完全禁止民间私人对文物享有所有权,《文物保护法》第 6 条规定,"属于集体所有和私人所有的纪念建筑物、古建筑和祖传文物以及依法取得的其他文物,其所有权受法律保护"。文物的所有权人必须遵守国家有关文物保护的法律、法规的规定。第 5 条与第 6 条并不冲突,应在保障私人对有主文物所有权的基础上,充分发挥第 5 条一般性规定的作用。

《文物保护法》第 50 条规定,文物收藏单位以外的公民、法人和其他组织可以收藏通过依法继承或者接受赠与等方式取得文物。祖传文物可以通过继承取得,且祖传文物的私有产权受到法律保护。

司法实践中也有相关经验。在最高人民法院 2013 年公报第 5 期案例"汪某某等 6 人诉淮安市博物馆返还祖宅的埋藏文物纠纷案”中,法院判决对此进行说明:“《中华人民共和国文物保护法》第六条规定,属于集体所有和私人所有的纪念建筑物、古建筑和祖传文物,其所有权受法律保护。可见,法律允许私人拥有文物。本案中所涉的古钱币属原告祖父所埋,属有主文物,原告方依法可以继承并合法占用,故应判决被告博物馆返还涉案古钱币。”该案法官指出:“文物保护法第五条之规定乃法律关于遗存文物的国家所有权的一般性规定,不能就此认为我国境内所有情形下的文物均归国家所有。文物保护法第六条规定了私人所有的祖传文物受法律保护,这也正是判定本案的重要法律依据。”(刊登于《人民法院报》2012 年 9 月 6 日,第 6 版)公民对祖传文物等有主文物的所有权得到《文物保护法》第 6 条的保障。适用《民法典》关于拾得遗失物、发现埋藏物的规定,拾得遗失物、发现埋藏物应当返还给权利人,相关主体须对其就该文物享有权利进行证明。

应当指出的是,我国《民法典》同其他部门法具有协调性与统一性,对发现埋藏物等情形作出了合理且具有可操作性的规定,能够很好地平衡国家利益与个人利益关系,全方位地保障公民的合法权益。对于文物的所有权归属问题,《民法典》与《文物保护法》等法律的相关规定为裁判争议、解决纠纷提供了可靠依据。同时,在司法实践中,应严格把控不同法律之间、不同法条之间的系统性、协调性,做到裁判合理合法、民众心服口服。

18 离婚的花甲老人，该如何安居?

社会热点

居住问题事关人民群众的美好生活需要。对于部分低收入群体、弱势群体等特定群体，如何保障其基本居住需求，一直是需要重点解决的民生问题。居住权作为《民法典》增设的一种物权，其权能是对他人房屋占有、使用的用益物权，以保障特定人的基本生活居住需要，同时，居住权的合理设定，还可以扶弱、施惠，避免引发家庭和社会矛盾。

案　例

黄某与许某经自由恋爱，于1978年登记结婚。1985年，许某的父亲全额为许某购置了一套房屋，该房屋登记在许某个人名下。2005年4月，房屋拆迁后安置2套住宅及1间储藏间，均登记为许某单独所有。

2019年5月，黄某以与许某在共同生活中不能和睦相处为由诉至福建省莆田市荔城区人民法院，请求准予双方离婚，在许某不同意离婚的情况下，法院作出民事判决，不准予双方离婚。2020年，黄某再次以与许某在夫妻共同生活中不能和睦相处，影响夫妻感情为由诉至法院，黄某提出诉讼请求，要求将套房A归许某所有,套房 B 及储藏间归自己所有。

经查,涉案 2 套房产均是许某父亲购置的房屋拆迁安置而来,被拆迁房屋登记于许某个人名下,因拆迁安置的 2 套房屋亦归许某个人所有。

近日,法院作出判决,准予黄某与许某离婚,但许某有必要为黄某的基本生活需求提供帮助,许某本人亦同意黄某继续在套房 B 内居住,法院认定黄某对套房 B 享有居住权。黄某与许某离婚后,可在套房 B 继续居住。

法条

居住权人有权按照合同约定,对他人的住宅享有占有、使用的用益物权,以满足生活居住的需要。(《民法典》第 366 条)

设立居住权,当事人应当采用书面形式订立居住权合同。

居住权合同一般包括下列条款:

(一)当事人的姓名或者名称和住所;

(二)住宅的位置;

(三)居住的条件和要求;

(四)居住权期限;

(五)解决争议的方法。(《民法典》第 367 条)

居住权无偿设立,但是当事人另有约定的除外。设立居住权的,应当向登记机构申请居住权登记。居住权自登记时设立。(《民法典》第 368 条)

居住权不得转让、继承。设立居住权的住宅不得出租,但是当事人另有约定的除外。(《民法典》第 369 条)

专家说法

通过居住权保障居者有其屋

张琬辰(北京市时代九和律师事务所律师)

住有所居,是一个美好的社会理想。《民法典》将居住权作为在他人房屋上设定的新型用益物权,不仅使住有所居有了更多的实现手段,而且也贯彻了物尽其用的物权立法理念。

《民法典》第323条规定,用益物权人对他人所有的不动产或者动产,依法享有占有、使用和收益的权利。居住权作为一种用益物权,其效力远远强于对房屋的租赁权。在经过登记之后,居住权将获得物权的支配效力和排他效力。这就意味着,居住权人可以对抗所有权,即使是房屋所有权人也无法驱逐居住权人。而在房屋租赁关系中,房东违约提前收回房屋自用或者出租给他人时,承租人只能请求损害赔偿,无法继续居住。居住权的强大法律效力足以保障居者有其屋。

居住权可以依据合同或遗嘱设立,通过这种方式,它可以充分地解决养老、赡养、继承、婚姻财产分割等问题。居住权合理的设定,能有效化解社会矛盾,避免纷争,促进和谐。例如,父母可以将房屋所有权移转给儿子,但同时在房屋上为自己设定居住权,父母均可在房屋内居住到自己终老;老人可以通过遗嘱方式为长期照顾自己的保姆设定居住权,以解决保姆有生之年的居住问题。

本案中,涉案的2套房产系许某父亲对许某的个人赠与,且登记在许某名下,因而为许某的个人财产,不属于夫妻共同财产。因此,离婚时,黄某无权分割两处财产。为了避免黄某离婚后居无定所,许某同意在其中一套住房为黄某设立居住权,以保证黄某的基本生活需要。许某与黄某离婚后,黄某有权在设立居住权的房屋内继续居住。在居住权存续期限内,黄某作为居住权人可以对抗房屋所有权人许某。因为该居住权已经登记,即使许某将房屋另售他人,居住权人黄某依然可以对抗新的买受人,其居住权不受任何影响。这一判决巧妙地通过设立的居住权,合理地平衡了各方利益。

正是因为居住权有这样强大的效力,在商品房交易中,为了避免交易风险,购房人应仔细、谨慎地查询房屋登记信息;不仅要查询房屋所有权和抵押权登记信息,还应查询该房屋是否设定了居住权,以避免自己在购房后因为存在他人的居住权而遭受损失。

《民法典》中的居住权不仅在民事生活中有许多应用场景,而且在市场交易中也大有可为。国外的"房屋反向按揭"养老制度,在我国就可以通过居住权来实现。例如,老人将房屋出售给开发商,同时在房屋上设定终身居住的权利,开发商通过银行按揭贷款,每个月向老人支付按揭款。又如,未来开发商可以出售房屋的居住权,而不是所有权,以缓解其资金压力。可见,《民法典》中的居住权无论在民事领域还是在商事领域都可谓是一个重大的制度创新。

合同

Contracts

19 “霸王条款”怎能如此任性?

社会热点

租房、买车、银行设立账户……大多都有书面合同可供消费者签署。这些采用格式条款订立的合同既节省了交易时间,又促进了交易效率的提升。但是,部分经营者常会在合同中加入“霸王条款”。当消费者权益受到侵害时,经营者常会以合同约定为借口,推诿塞责,让消费者有口难言。

案 例

周某等人向开发商购买商品房,楼盘售卖时的房屋宣传资料显示小区规划的是人车分流,并设有室外泳池。但后来业主们得知,该小区并非人车分流,至于室外泳池则系违法建筑,不能使用。

当业主们找开发商交涉时却被告知,在商品房预售合同中已经约定其保留对小区平面布局的修改权以及宣传资料所载内容不列为合同的组成部分。

周某等人认为受到欺诈,向人民法院起诉。一审法院认为,商品房预售合同中的上述条款系格式条款,开发商未采取合理方式提请购房者注意,故上述条款应属无效而不予适用;宣传资料中关于人车分流与室外泳池的内容明确具体,且对购房者的购房决策会产生直接影响，应视为要约，开发商未能履约应承担违约责任。一审判决后，双方不服，均上诉至上海市第一中级人民法院。

上海市第一中级人民法院作出终审判决，认为商品房预售合同中约定的格式条款限制了购房者权利，且与购房者明显具有重大利害关系，而开发商未就上述条款向周某等人履行提示或说明义务，该格式条款不成为商品房预售合同的内容，一审认定涉案宣传资料构成要约并判令开发商承担相应的赔偿责任并无不当。

法 条

格式条款是当事人为了重复使用而预先拟定，并在订立合同时未与对方协商的条款。

采用格式条款订立合同的，提供格式条款的一方应当遵循公平原则确定当事人之间的权利和义务，并采取合理的方式提示对方注意免除或者减轻其责任等与对方有重大利害关系的条款，按照对方的要求，对该条款予以说明。提供格式条款的一方未履行提示或者说明义务，致使对方没有注意或者理解与其有重大利害关系的条款的，对方可以主张该条款不成为合同的内容。（《民法典》第496条）

有下列情形之一的，该格式条款无效：

（一）具有本法第一编第六章第三节和本法第五百零六条规定的无效情形；

（二）提供格式条款一方不合理地免除或者减轻其责任、加重对方责任、限制对方主要权利；

（三）提供格式条款一方排除对方主要权利。（《民法典》第497条）

对格式条款的理解发生争议的，应当按照通常理解予以解释。对格式条款有两种以上解释的，应当作出不利于提供格式条款一方的解释。格式条款和非格式条款不一致的，应当采用非格式条款。（《民法典》第498条）

专家说法

强化对格式条款的私法规制

谢鸿飞（中国社会科学院法学研究所民法研究室主任）

在消费合同领域，商品或服务的提供者往往提供其事先拟定好的格式合同，不许可消费者与其协商确立合同的全部或部分条款，“要么接受，要么离开”成为消费者缔约时不得不面临的一种窘境。本案中开发商提供的商品房预售合同即为这种合同。

格式条款因为排斥了相对方的协商权，经常出现损害相对方利益的情况。本案商品房预售合同中有两个格式条款都如此：一是约定开发商保留对小区平面布局的修改权，赋予了开发商单方任意修改合同的权利；二是约定开发商提供的宣传资料所载内容不作为合同的组成部分。这两者都可能导致消费者的缔约目的落空，合同利益减损。

我国法律历来重视对格式条款的调控，《民法典》更是强化了对格式合同的调控，捍卫了契约自由理念，平衡了合同双方利益。这主要体现在两个方面：

一是扩大了提供方提请注意和说明义务的范围。《合同法》第39条规定的义务范围限于免除或者限制提供方责任的格式条款。《民法典》第496条则将其扩大到“与对方有重大利害关系的条款”，包括但不限于免责条款，也包括加重对方责任、限制对方主要权利等其他条款。商品房预售合同包括对业主合同利益有实质性影响的两个格式条款，开发商作为合同的提供方，必须在缔约时通过将这些条款的文字描红、加黑、加粗等合理方式尽到提请注意的义务；若消费者对条款的理解有问题，还须应消费者的要求予以解释和说明。

二是明确了提供方违反前述义务的法律后果。根据《民法典》第496条的规定，提供格式条款的一方未履行提示或者说明义务，致使对方没有注意或者理解与其有重大利害关系的条款的，对方可以主张该条款不成为合同的内容。本案商品房预售合同写入了有损业主利益的条款，开发商违反了提请注意义务，导致业主没注意到这些条款，更谈不上请求提供方进行说明。基于契约自由的基本要求，这些条款不应成为合同的一部分。在格式条款未成为合同一部分时，它们就不可能对双方当事人发生拘束力，人民法院没有必要对其效力进行审查和评价。开发商也不可能享有约定的单方变更合同的权利，也不能依约主张其缔约时提供的宣传材料不构成合同的内容。

消费者在缔约时要注意仔细阅读商家提供的合同，尤其是检阅如下条款：商家的免责条款、扩大商家权利的条款、加重消费者责任的条款、限制或排除消费者权利的条款。消费者在充分知悉和理解合同的全部条款后缔约，是避免纠纷、维护自己合法权益的最好方式。

20 退课不退费，只能认栽吗？

社会热点

因公司外派需要，尚女士打算报名参加某培训机构为期12周、每周6课时的英语培训课程。试听了一节课后，尚女士发现授课教师讲课风趣幽默，课堂效果很好，当场就签了合同，交了培训费用。可是，上了不到两周，尚女士发现授课教师经常换人，上课时间随意更改，学习效果很不理想。

尚女士打算跟培训机构协商退课，可培训机构拿出了双方签订的合同，其中写到正式听课后退费的，只能退培训费用的60%，上课一周后费用一律不退。当初签合同时，培训机构工作人员拿出一份打印好的合同，并表示“肯定不会坑你”，尚女士一着急就签了，并没有留意到这一内容。

法　条

民事主体从事民事活动，应当遵循公平原则，合理确定各方的权利和义务。(《民法典》第6条)

采用格式条款订立合同的，提供格式条款的一方应当遵循公平原则确定当事人之间的权利和义务，并采取合理的方式提示对方注意免除或者减轻其责任等与对方有重大利害关系的条款，按

照对方的要求,对该条款予以说明。(《民法典》第496条)

专家说法

公平原则对霸王条款说“不”

窦磊(北京市第一中级人民法院法官助理)

公平原则是民法的一项基本原则,贯穿民事活动始终。《民法典》将公平原则以独立条款的形式予以规定,彰显了对民事主体的平等保护。

在市场交易活动中,公平原则主要表现在两个方面:一是交易中的各方以市场交易规则为准则,享受公平合理的对待,权利与义务相一致;二是责任承担和风险负担上的均衡合理,合同中约定的责任条款、免责条款、限制条款在一定条件下要受到限制。

为了便利交易,诸多行业领域尤其是消费领域发展出代替个别磋商的格式合同,大大加快了交易节奏,降低了交易成本。但是,部分经营者利用自身优势地位,在格式合同中加入“霸王条款”,违反了民法的公平原则,损害了消费者的合法权益。这主要表现为三种类型:一是格式条款对消费者作出不公平、不合理的规定;二是减轻、免除经营者责任;三是加重消费者责任。

为治理“霸王条款”,《民法典》强化了格式条款提供方的提示说明义务，规定“提供格式条款的一方未履行提示或者说明义务，致使对方没有注意或者理解与其有重大利害关系的条款的，对方可以主张该条款不成为合同的内容”。另外，《民法典》明确了格式条款的无效情形，明确“提供格式条款一方不合理地免除或者减轻其责任、加重对方责任、限制对方主要权利”“提供格式条款一方排除对方主要权利”的格式条款无效。对格式条款理解有疑义时，采用通常理解予以解释、不利于格式条款提供者解释及非格式条款优先原则。这些都极大地提升了《民法典》在格式合同中对消费者的保护力度。

本案中，尚女士与培训机构订立的合同属于格式合同。在合同签订过程中，培训机构并没有对明显对尚女士不利的退课条款予以提示说明，尚女士可以主张该条款不成为合同的内容。根据公平原则，尚女士以正当理由要求退课时，培训机构应当退还剩余的培训费用。

21 爱心捐赠，还能撤销吗？

社会热点

近年来，社会慈善事业蓬勃发展，社会爱心人士和慈善组织纷纷践行公益、奉献爱心，对社会弱势群体进行帮扶活动。但是，也存在个人或组织在以捐款之名赚取公众赞誉后拒绝履行捐赠义务的现象，并且频频曝光于网络，引发公众对“诈捐门”的关注与反思。

案 例

某爱心组织与某市一所希望小学取得联系，称某企业将组织拍卖会，对该学校进行捐助。拍卖会上，主持人宣布捐助企业将向该小学捐赠20万元，捐赠企业将写有20万元的现金支票模型送到校领导手中，并让受助学生合影留念，当地媒体对此进行了专题报道。仪式结束后，捐助企业并未向该小学支付20万元捐赠款。爱心组织事后追问20万元捐赠事宜时，该企业称20万元支票是道具，不应视为捐款，“只是做给现场观众看而已”。之后，该企业法定代表人以其经济发生困难为由表示要撤销捐献。该爱心组织经过实际调查，发现该企业并未出现经济困难情况。

法 条

赠与人在赠与财产的权利转移之前可以撤销赠与。经过公证的赠与合同或者依法不得撤销的具有救灾、扶贫、助残等公益、道德义务性质的赠与合同,不适用前款规定。(《民法典》第 658 条)

赠与人的经济状况显著恶化,严重影响其生产经营或者家庭生活的,可以不再履行赠与义务。(《民法典》第 666 条)

专家说法

慈善事业有规范　爱心捐赠勿“诈捐”

魏华(北京林业大学法学系主任)

慈善捐赠,是指自然人、法人和非法人组织基于慈善目的,自愿、无偿赠与财产的活动。慈善捐赠是捐赠人(赠与人)与受赠人之间建立赠与合同关系,属于公益性赠与的类型之一。赠与合同是一种诺成合同,自赠与人与受赠人就赠与事项达成一致意思表示时,合同即成立。法律规定赠与人享有任意撤销权,赠与人可以在赠与财产权利转移之前撤销赠与,即所赠与财产为动产,交付之前可以撤销赠与;赠与财产为不动产的,在办理不动产过户手续之前可以撤销赠与。

而某些类型的赠与,经过公证或是赠与具有公益性目的,且公开进行了宣传报道,在社会上已经产生了一定影响,若允许其任意撤销赠与,则其作出赠与的行为就明显带有博人眼球、欺骗公众的色彩,因此,我国《民法典》对于赠与人任意撤销权的行使作出了相应限制,经过公证的赠与合同和依法不得撤销的具有救灾、扶贫、助残等公益、道德性质的赠与合同不得随意撤销。

本案中,该企业通过爱心组织联系学校,表示要对学校及困难学生进行爱心捐助,这是典型的带有社会公益性质的赠与。根据《民法典》第 658 条的规定,该企业带有公益性质的赠与不可撤销。同时,若存在《民法典》第 666 条规定的“赠与人的经济状况显著恶化,严重影响其生产经营或者家庭生活的,可以不再履行赠与义务”情形,赠与合同可以撤销。由于通过调查并未发现该企业存在经济困难,因此其撤销赠与的主张并无法律依据。

由于该企业已经在拍卖会上通过举牌方式公开宣布其向学校捐赠 20 万元,在赢得社会好评之后,无正当理由拒绝支付捐赠款项,这已然属于“诈捐”行为。根据我国《慈善法》第 41 条的规定,捐赠人通过广播、电视、报刊、互联网等媒体公开承诺捐赠的,捐赠人应当按照捐赠协议履行捐赠义务。捐赠人违反捐赠协议逾期未交付捐赠财产,慈善组织或者其他接受捐赠的人可以要求交付;捐赠人拒不交付的,慈善组织和其他接受捐赠的人可以依法向人民法院申请支付令或者提起诉讼。因此,该企业应当遵守法律规定,继续履行 20 万元的慈善捐赠承诺。如果该企业拒不履行捐赠承诺,学校可以向法院申请支付令或起诉。

以捐赠名义牟取私利的“诈捐”行为,因其消费了公众的信任,败坏了社会风气,法律对此予以零容忍。只有严格落实《民法典》和《慈善法》等法律的相关规定,才能进一步发挥慈善捐赠对于弘扬社会正气、促进社会和谐的重要作用,促进慈善事业良性发展。

22 “借一万，还十万”？ 非法高利贷当休矣

社会热点

由于高利贷具有主体分散、风险控制无力等特点，一些利率奇高的非法高利贷，经常使借款人的收入增长不足以支付贷款利息。近年来，不法之徒引诱部分消费观念不正确的大学生高利借贷，使得“校园贷”成为校园中的“顽疾”。当贷款拖期或者还不上时，出借方经常会采用不合法的催债手段，冲击正常的金融、社会秩序。针对各界反映强烈的高利贷问题，《民法典》明确规定禁止高利放贷，借款的利率不得违反国家的有关规定。

案 例

王某向李某借款 10 万元，出具借条约定月利息为 2.5%。当日，李某将该笔款额支付给王某，后王某每月给付李某利息 4000 元，共支付 4 万元。后李某诉至法院要求王某偿还借款本金及尚欠的利息。法院经审查认为，当事人约定的 2.5% 月息，即年利率为 30%，超过了司法保护范畴，故对李某要求按照月息 2.5% 支付利息的请求不予支持。

法 条

禁止高利放贷，借款的利率不得违反国家有关规定。借款合同对支付利息没有约定的，视为没有利息。借款合同对支付利息约定不明确，当事人不能达成补充协议的，按照当地或者当事人的交易方式、交易习惯、市场利率等因素确定利息；自然人之间借款的，视为没有利息。(《民法典》第680条)

专家说法

有效打击高利贷，需要刑民结合

李丹(浙江瀛高律师事务所律师)

近年来，"校园贷""套路贷"、黑网贷、地下钱庄等打着小额贷款的幌子，通过"砍头息"、利滚利等方式翻倍催讨债务，使小钱最终变成永远还不完的巨额债务。更甚者，地下钱庄、"影子银行"以金融创新为名，实际是规避金融监管或进行制度套利。与网络借贷、资管计划、场外配资、资产证券化、股权众筹、私密基金等金融现象交织在一起的民间借贷，涉众广泛，环节复杂，增加了民间借贷纠纷治理的难度。必须从法律层面规范民间借贷活动，确保民间借贷平稳健康发展。

《民法典》第680条意味着民法典以法律形式对民间借贷中乱

象丛生的高利贷明确说“不”。借款利率的司法保护上限也相应地做了调整。

自2020年8月20日起施行的《最高人民法院关于修改〈关于审理民间借贷案件适用法律若干问题的规定〉的决定》(以下简称《新规》),对民间借贷利率司法保护上限作出调整——以中国人民银行授权全国银行间同业拆借中心每月20日发布的一年期贷款市场报价利率(LPR)的4倍为标准确定民间借贷利率的司法保护上限。

司法实践中,在《新规》出来之前的出借及借款规矩是年利率为24%和36%的两线,各地法院没有统一司法裁判标准。

从《新规》的文义解读来看,出借人受领并占有超过4倍LPR部分的利息构成不当得利,借款人主张要求返还此前支付的超过4倍LPR部分的利息,出借人应当予以返还。

《新规》同时对职业放贷行为作出了限定。在认定借贷合同无效的五种情形中,“未依法取得放贷资格的出借人,以营利为目的向社会不特定对象提供借款的”应当认定无效。

受高额利润的驱使,高利贷也是刑事犯罪的重要诱因,非法吸收公众存款、集资诈骗、涉恶涉黑犯罪案件中不乏高利贷的影子。有效打击非法高利贷行为,需要刑民结合,刑事手段的运用得以彰显依法治理的决心。

23 租房遇糟心事，该如何避“坑”？

社会热点

远离家乡、奋斗在外的年轻人，在租房过程中经常遇到各种难题。对此，《民法典》合同编对租赁合同中出租人的义务进行了详细规定，有效解决了业主突然撤租、承租人居无定所的难题，有助于租赁秩序的稳定，保障租房者的合法权益。

案　例

北京某高校应届毕业生小张从学校毕业后，租了一套离自己实习单位很近的房子，与房东签订了为期 1 年的租房合同。按照公司规定，新入职的小张去广东分公司锻炼 3 个月。而在此期间，房东将房子转卖，新房东以装修房子为由，请他 1 个月内搬走。

法　条

租赁物在承租人按照租赁合同占有期限内发生所有权变动的，不影响租赁合同的效力。(《民法典》第 725 条)

专家说法

房屋所有权变动不影响租房者居住

王瑛(中央民族大学法学院副教授)

买卖不破租赁,是指在租赁关系存续期间,即使租赁物的所有权变动,也不会对原租赁关系产生任何影响,对于承租人而言,既不需要终止原租赁关系,也无须订立新的租赁合同。“不影响租赁合同的效力”的表述,其实际的法律后果应当是在原租赁合同的承租人与租赁物的新的所有人之间形成租赁合同关系。因此,租赁物的买受人不能以其已成为租赁物的所有人为由,否认原租赁关系的存在并要求承租人返还租赁物,如果新的房屋所有人要求承租人搬出,则新的所有人将构成对租赁合同的违反,承租人可以主张继续履行、损害赔偿等违约责任。

《民法典》沿用“买卖不破租赁”的规则,赋予了承租人对抗新的所有人的权利。“买卖不破租赁”的规则主要适用于不动产租赁。如果出租人将租赁物出售,而不赋予承租人对抗买受人的权利,承租人的租赁权将会落空,将可能影响承租人的基本居住权。《民法典》在房屋租赁合同中设置“买卖不破租赁”的规则,体现了对承租人的特殊保护,在反映了实质正义的要求。

适用“买卖不破租赁”必须符合一定条件:

房屋租赁合同有效。该规则主要是为了保护承租人的利益，而承租人占有租赁物必须基于有效的租赁合同，如果租赁合同尚未成立或被宣告无效，则承租人无权占有租赁物。

租赁房屋所有权在租赁期间依法转让。租赁合同必须先于买卖关系成立，尚在租赁期间出租人将租赁物转卖给第三人。在房屋所有权变动时，租赁合同已经生效，如果房屋租赁合同订立时，房屋所有权已经发生了变动，则承租人当然不能以其合同权利对抗所有权人的权利。

承租人愿意继续履行原租赁合同。该规则的目的在于保护承租人的权利，租赁房屋在租赁期间内发生所有权变动的，承租人既有权主张援引该规则获得保护，也有权终止合同，承租人是否实际主张"买卖不破租赁"继续承租该房屋，取决于承租人自己的意思自由。

结合本案，小张与房东签订的房屋租赁合同是双方当事人的真实意思表示，应认定合法有效。作为承租人的小张依合同约定取得了房屋的租赁权，因此当房东将房屋让与第三人时，在承租人与受让人之间仍受原租赁合同的约束。

该房屋租赁合同的期限为1年，期限并未届满。并且，新房东取得房屋所有权的时间也在租赁期间以内，承租人小张愿意继续履行租赁合同，故完全符合"买卖不破租赁"产生效力的条件。所以，对于房屋的新房东而言，仍要受到原房屋租赁合同的制约，其对房屋的使用权受到一定的限制，必须等到房屋租赁期满后，才可以要求小张搬出。

24 寄丢贵重物品，只赔3倍邮费吗？

社会热点

发达的快递业是我国电商等行业迅速发展的支撑。与此相伴的是,近年来快递赔偿纠纷也“水涨船高”。个别消费者寄送的贵重物品毁损后,有快递公司声称只能赔偿3倍邮费,这远远无法抵销物品被毁损的损失。在消费者和快递公司形成的合同关系下,毁损物品应如何赔偿事关消费者权益保护,也事关快递物流行业的健康发展。

案 例

在北京上大学的小王委托某快递公司寄递一部价值6000元的手机至老家山东,并支付了15元快递费。两周过去了,手机一直没有送达指定地址。小王联系快递公司查询,对方承认该快递件丢失,却称因小王当初寄件时没有选择保价,所以按规定只能赔付3倍邮费,即45元。小王无法接受,准备求助法律界人士,请求全额赔偿。

法 条

合同生效后,当事人就质量、价款或者报酬、履行地点等内容没有约定或者约定不明确的,可以协议补充;不能达成补充协议的,按照合同相关条款或者交易习惯确定。(《民法典》第 510 条)

承运人对运输过程中货物的毁损、灭失承担赔偿责任。但是,承运人证明货物的毁损、灭失是因不可抗力、货物本身的自然性质或者合理损耗以及托运人、收货人的过错造成的,不承担赔偿责任。(《民法典》第 832 条)

货物的毁损、灭失的赔偿额,当事人有约定的,按照其约定;没有约定或者约定不明确,依据本法第五百一十条的规定仍不能确定的,按照交付或者应当交付时货物到达地的市场价格计算。法律、行政法规对赔偿额的计算方法和赔偿限额另有规定的,依照其规定。(《民法典》第 833 条)

专家说法

快递丢失赔偿,不能适用 3 倍邮资赔偿限额

孟强(北京理工大学法学院民法典研究中心主任、副教授)

电商和物流的发展为人们的生活带来了便利的同时,在合同履行过程中也时有问题发生。寄送贵重物品一旦发生丢失的情况,究竟是按照寄件人主张的金额赔偿,还是按照快递公司主张的限额赔偿,极易产生纠纷。对于快递包裹丢失后的赔偿问题,需要

厘清以下几个关系才能妥善处理,进而提前预防、避免纠纷、减少损失。

客户发件、快递公司收件,双方围绕快递的寄送形成货物运输合同关系,这是一种双务、有偿合同。合同成立后双方都应按约履行自己的义务,客户负有如实说明(如货物名称、性质、重量、数量、收货地点等必要情况)、支付快递费用的义务,而快递公司则负有将快递妥善安全送达收件人的义务,任何一方违约都需要承担违约责任。

快递运单上的保价条款和赔偿限额属于格式条款,快递企业必须就格式条款对客户进行合理的提示说明。如果快递企业没有履行提示或者说明义务,导致客户没有注意或者理解这些条款,那么这些格式条款对客户不产生效力。另外,快递企业必须对重要的格式条款以醒目的方式予以标识,对客户进行提示告知,并取得客户的签字以证明客户知晓该条款。

快递企业未尽到妥善保管运输义务导致快递丢失的,构成违约。快递企业作为承运人,应当对运输过程中快递的毁损、灭失承担赔偿责任。但如果货物的毁损、灭失是因不可抗力、货物本身的自然性质或者合理损耗,以及基于客户或收件人的过错造成的,则快递企业无须承担赔偿责任,但对此需要负担举证责任。

当然,客户对于快递物品的遗失也具有过错的,需要在过错范围内承担相应的损失。客户的过错主要表现在:对需要如实申报说明的贵重物品、特殊种类物品未如实申报说明,这往往会影响快递企业对于贵重物品、特殊种类物品的特殊检验和运输安排;客户寄送贵重物品,快递企业一般会对客户告知有关保价的规定,如果客户为节省费用、心存侥幸而不保价或者保价不足，法院往往会认为客户对此也需要承担相应的责任。

丢失快递的赔偿数额如何确定呢？如果对寄送物品双方进行了保价，或者快递企业对最高赔偿限额条款进行了有效的提示告知，并且客户表示知情同意，就按照双方约定的保价数额或者最高限额来进行赔偿。如果没有达成这些约定，可以在协商中继续达成补充协议，或者按照类似的交易习惯来确定赔偿数额。仍然无法确定赔偿数额的，则按照快递寄送的目的地、到达地该类物品的市场价格来计算物品的价值，然后根据双方的过错程度来划分各自负责赔偿的比例，确定赔偿的具体数额。

需要值得说明的是，未保价物品丢失的，快递企业不能主张适用《邮政法》规定的 3 倍邮资赔偿限额。《邮政法》第 47 条规定，未保价的给据邮件丢失、损毁或者内件短少的，按照实际损失赔偿，但最高赔偿额不超过所收取资费的 3 倍。这一规定适用的主体是邮政企业从事的邮政普遍服务业务，快递业务并不能适用这一赔偿限额，而应适用有关货物运输合同的民事法律规定。

总之，快递服务在客户和快递企业之间形成了一个货物运输合同关系，既然是合同关系，那么合同双方当事人都应当诚实、全面、妥当履行自己的义务，以避免合同履行不当造成损失。

25 买卖人体干细胞，合同是否有效？

社会热点

干细胞又被称为“种子细胞”，具有自我更新、无限增殖及多向分化潜能等特点，具有一定的临床研究和应用价值。近年来，一些生物科技公司、美容院等机构以干细胞具有美容抗衰、治愈疾病等功效为噱头，在未经临床研究和审批的情况下买卖、回输干细胞，由此引发了一系列经济纠纷。

案　例

经朋友介绍，露露与荣丽生物科技有限公司（以下简称荣丽公司）法定代表人郝先生相识。露露被告知，回输干细胞不仅可以美容，还具有延缓衰老等功效。

2018 年 4 月 5 日，露露与郝先生约定，一次性订购 30 份“人胎盘来源的干细胞”，每份价格 3.5 万元。露露当天即转账半数预付款 52.5 万元。起初，荣丽公司如期交付了 8 份干细胞。此后，露露联系郝先生却一直未得到回复。露露着急了，要求郝先生退款。但郝先生留言不回、语音不接。于是，露露将荣丽公司诉至法院。

一审法院判决解除干细胞买卖合同、荣丽公司如数返还剩余预付款。该公司不服，上诉至上海市第一中级人民法院。该院判决涉案合同无效，不发生法律约束力，荣丽公司应返还剩余预付款39.75万元。

法 条

具备下列条件的民事法律行为有效：（一）行为人具有相应的民事行为能力；（二）意思表示真实；（三）不违反法律、行政法规的强制性规定，不违背公序良俗。（《民法典》第143条）

禁止以任何形式买卖人体细胞、人体组织、人体器官、遗体。违反前款规定的买卖行为无效。（《民法典》第1007条）

专家说法

干细胞买卖合同属无效合同

何建（上海市第一中级人民法院法官）

目前，除已有成熟技术规范的造血干细胞治疗血液系统疾病外，其他干细胞治疗尚未进入临床应用阶段，安全性、有效性均存在不确定性。

我国《干细胞临床研究管理办法（试行）》明确规定，开展干细胞临床研究的医疗机构不得收取相关费用，不得发布或变相发布干细胞临床的研究广告。《脐带血造血干细胞库管理办法（试行)》规定,任何单位和个人不得以营利为目的进行脐带血采供活动;未取得脐带血造血干细胞库执业许可证的单位和个人,一律不得开展采供脐带血造血干细胞业务。

干细胞为一些重大疾病提供了新的治疗思路与方法,但是,干细胞从临床研究到转化应用有严格的立项、备案与申报、注册等程序和资质要求。从现行规章制度来看,从人体提取的干细胞不得直接作为交易标的物。

医疗技术的进步和有序发展、干细胞应用的安全性和有效性、药品市场的管理秩序、公众用药安全和生命健康等,均系社会公共利益的重要组成部分。

根据相关规定,因干细胞临床研究需要而制备的干细胞制剂,也要遵循《药品管理法》的规定,获得国家药品监督管理部门注册批准后,方可进入临床应用。如果在未获得干细胞临床研究备案或药物试验许可的情况下,直接公开销售干细胞给他人,将游离于国家有关部门的监管之外,不但增加了对干细胞临床研究和药品试验的管控风险,妨害公众用药安全,而且严重违背伦理规范,扰乱市场经济秩序。特别是将制备的干细胞出售给他人直接用于人体回输,该行为在违反《干细胞临床研究管理办法(试行)》关于禁止干细胞直接进入临床应用规定的同时,更是破坏了国家医疗监管秩序,影响了公众用药安全和合法权益,危及了不特定个体生命健康安全,进而损害了社会公共利益。

《民法典》第 153 条规定,违背公序良俗的民事法律行为无效。公序良俗包括公共秩序和善良风俗,可以说是社会公共利益的“升级版”。《民法典》第 1007 条规定,禁止以任何形式买卖人体细胞、人体组织、人体器官、遗体。由此观之,《民法典》对细胞买卖亦持鲜明的否定立场。若订立此类合同,当事人的权利将难以得到有效保障。

人格权

Personality Rights

26 名人题材影视剧惹争议，谁能讨要名誉权？

社会热点

以名人事迹为原型的影视剧，因为人物的知名度、代表性等，往往容易受到观众更多的关注。一直以来，引起反响的名人题材电影时有呈现，而因影视剧改编的种种纠纷也随之而来。比如，京剧研究家齐如山的家人要求柏林电影节撤销《梅兰芳》的参赛权；霍元甲后人不满电影《霍元甲》中的灭门情节，状告主演及片方……如何界定“正当的艺术创作”与“侵犯名人名誉权”的界限？名人传记片需要谁的授权？名人后代究竟能否代表先人讨要名誉权？

案　例

李连杰主演的电影《霍元甲》上映后，片中“霍家被灭门”的情节引起霍氏后人极度不满，认为影片违背史实损害霍元甲形象，于是委托律师状告李连杰及片方，要求影片停映及制片方赔礼道歉。法院认为该影片虽有夸张与虚构之处，但并未对霍元甲有侮辱、诽谤之描写，也未对霍元甲的在世后人构成现实的不利影响，故判令原告败诉。

法 条

死者的姓名、肖像、名誉、荣誉、隐私、遗体等受到侵害的,其配偶、子女、父母有权依法请求行为人承担民事责任;死者没有配偶、子女且父母已经死亡的,其他近亲属有权依法请求行为人承担民事责任。(《民法典》第 994 条)

专家说法

民法典延伸保护民事主体人格权益

邓春梅(四川省攀枝花市东区人民检察院检察官)

名人题材类的电影通常是对在一个领域或一个行业中具有较高知名度的人士,根据其生平事迹进行改编制作的影视作品。这些人物原型具有一定的知名度,这种知名度往往是积极的、健康的,并已获得社会公众的广泛认可。而名人题材类的电影是社会大众了解名人事迹的重要渠道,一旦拍摄的名人题材类电影中含有侮辱、诽谤、贬损、丑化等内容,影响名人名誉、荣誉的,不仅会给名人及其亲属造成精神损害,也会伤害社会公众的感情。影视公司在拍摄名人题材电影时,常常处于这种史实、艺术和市场需求的夹缝中,如果没有处理好以上关系,就容易产生纠纷。

根据《民法典》的规定,因名人的姓名权、肖像权、名誉权、荣誉权等人格权能够延伸一定的财产利益，如果拍摄题材中的名人在世，其人格权被侵害，名人可以依法主张权利。

对于已故名人，虽然其丧失了民事主体资格，但其延伸出的人格利益仍然受法律保护。

《民法典》将对死者人格权益的保护明确纳入其中。《民法典》第994条规定，死者的姓名、肖像、名誉、荣誉、隐私、遗体等受到侵害的，其配偶、子女、父母有权依法请求行为人承担民事责任；死者没有配偶、子女且父母已经死亡的，其他近亲属有权依法请求行为人承担民事责任。

这一条款与对胎儿的权利保护一样，都是我国法律对民事主体人格利益的延伸保护，但这种延伸保护不是无条件、无期限的。《民法典》明确规定，死者的人格利益受到侵害后，其配偶、子女、父母及其他近亲属有权作为死者人格利益的保护人主张权利。同时，该条也规定了权益保护人在主张权利时是有顺位的。

但有一种情况例外。我国注重对英雄烈士人格权益的保护。英雄烈士不仅是国家的精神坐标，也是民族的不屈脊梁。根据《英雄烈士保护法》的规定，对侵害英雄烈士的姓名、肖像、名誉、荣誉的行为，英雄烈士的近亲属可以依法向人民法院提起诉讼。英雄烈士没有近亲属或者近亲属不提起诉讼的，检察机关依法对侵害英雄烈士的姓名、肖像、名誉、荣誉，损害社会公共利益的行为向人民法院提起诉讼。这种延伸保护是无期限的，当发生侵害英雄烈士人格利益的行为时，检察机关就可以直接提起诉讼，体现了国家保护英雄烈士的坚定态度和立场。

27 笔名被冒用，本人可以起诉吗？

社会热点

在写作或艺术活动中，一些作家或演艺家常常喜欢隐去真实姓名，根据面临的社会环境、写作内容或者个人喜好、审美情趣等，采用笔名、艺名取代其真实姓名。很多名人都有笔名或者艺名，甚至有可能比他们的真实姓名更“出名”。近年来，大批网络作家风靡一时，他们中大多以笔名为人们所熟知。与此同时，网上笔名、艺名等被假冒、盗用的现象也不乏其例。

案　例

自2014年起，一名爱好创作网文的原创作者以“流离孤云”为笔名，在网上发布青春情感相关的原创文章。其称“当初以此命名的时候，在各大搜索引擎搜索了关键字，并没有任何一个相同的，甚至类似的出现，后才决定使用此名字”。

通过各种网络平台，“流离孤云”的名字渐为人熟知，一些人以此作为他们在社交平台上的昵称。此后，有的自媒体和网站开始用“流离孤云”笔名来吸引流量。当“流离孤云”本人打算在某自媒体平台注册个人账号时，发现已经有人抢先在该平台用该笔名进行了注册。

法　条

自然人享有姓名权,有权依法决定、使用、变更或者许可他人使用自己的姓名,但是不得违背公序良俗。(《民法典》第1012条)

具有一定社会知名度,被他人使用足以造成公众混淆的笔名、艺名、网名、译名、字号、姓名和名称的简称等,参照适用姓名权和名称权保护的有关规定。(《民法典》第1017条)

专家说法

使用他人笔名、艺名当谨慎

赵莹(西南政法大学经济法学院副教授)

从社会效应来看,笔名、艺名等是以一种无形资产的形式客观存在的。现实生活中,因笔名、艺名等被侵犯而引发的纠纷较为多见,甚至成为人格权侵权问题的多发区之一。

《民法典》人格权编第三章专门规定了姓名权和名称权,明确姓名权和名称权作为一种具体的人格权,其人格利益和商业利益受到法律保护。同时,《民法典》明确规定具有一定社会知名度,被他人使用足以造成公众混淆的笔名、艺名等,参照适用姓名权和名称权保护的有关规定。因此,笔名、艺名等同姓名权一样,受到

法律明确保护。至于判定其是否受到侵犯,应注意以下两点:

其一,笔名应当具备一定的社会知名度。"知名度"的标准是指,经过自身经营,使其笔名具有一定知名度,并为相关领域内的公众所知悉。"知名度"标准源于商品化权,其仅为具有一定知名度的少数人所实际拥有。在此案例中,"流离孤云"作为一名网文原创作者,如能证明该笔名在互联网上具有一定影响力,为较多网文爱好者所知悉,则应认定该笔名作为一种文化符号,具有一定的社会知名度。

其二,笔名被他人使用足以造成公众混淆。笔名在被他人使用的过程中,如果足以让公众认为是原笔名所有者所为,就构成了侵犯他人姓名权的条件。如果"流离孤云"确实被很多自媒体和网站拿来吸引流量,利用原笔名所有者的文化效应或名人效应牟利,那么此种行为涉嫌侵犯他人的姓名权。

姓名权是人格权的重要组成部分,具有积极权能和消极权能,笔名、艺名等也不例外。

积极权能指的是姓名享有者有权按照自己的意志决定姓名如何被使用,在何处被使用,在法律规定的条件下变更自己的姓名或者允许他人在不违背享有者意志的情况下,正确使用自己姓名的权利。笔名享有者也享有此种积极权能,自主决定笔名的使用、变更或者许可他人使用的权能。

消极权能指的是任何组织或者个人不得以干涉、盗用、假冒等方式侵害他人的姓名权或者名称权。如果没有经过笔名所有者的同意,干涉、盗用或者假冒他人笔名,就构成了侵犯他人姓名权的行为。

笔名、艺名、网名、字号、姓名和名称的简称等，只要具有一定的知名度，被他人使用足以造成公众混淆，就应得到法律的平等保护。因此，使用他人笔名、艺名等时应格外谨慎，避免侵犯他人权利和社会公共利益。

28 遭遇网络“软暴力”，该如何维权？

社会热点

贴报喷字、拉挂横幅、燃放鞭炮、播放哀乐、摆放花圈、泼洒污物、断水断电、堵门阻工……这些现实生活中的“软暴力”行为让人不断受到打击。随着信息技术的发展，网络空间逐渐成为“软暴力”行为的高发地，网络“软暴力”对公民人身权利、财产权利造成的损害不可低估。

案　例

2015 年 4 月以来，赵某先后成立并控制多家公司，雇佣 300 余名业务员为第三方网贷公司等机构催收欠款。催收员长期使用群呼、群发短信、“呼死你”软件、“P 图”、揭发隐私等“软暴力”手段催收，滋扰欠款人及其紧急联系人、通讯录联系人。众多被骚扰人因此产生恐惧心理，导致家庭矛盾，工作、生活受到严重影响。

2020 年 7 月 29 日，北京市昌平区人民法院对此案进行一审公开宣判，主犯赵某被判处有期徒刑 7 年。该案是北京市首例网络“软暴力”恶势力犯罪集团案件。

法 条

人格权是民事主体享有的生命权、身体权、健康权、姓名权、名称权、肖像权、名誉权、荣誉权、隐私权等权利。除前款规定的人格权外，自然人享有基于人身自由、人格尊严产生的其他人格权益。(《民法典》第990条)

民事主体享有名誉权。任何组织或者个人不得以侮辱、诽谤等方式侵害他人的名誉权。(《民法典》第1024条)

自然人享有隐私权。任何组织或者个人不得以刺探、侵扰、泄露、公开等方式侵害他人的隐私权。(《民法典》第1032条)

专家说法

运用法律武器惩治网络“软暴力”

朱莎(浙江垦丁律师事务所律师)

从最早出现在网络论坛上的“人肉搜索”、社交平台评论区人身攻击，到“饭圈”对喷、视频网站弹幕刷屏骂人、直播“锤人”，网络“软暴力”手段日益翻新。更有甚者，通过网络或通信工具实施恶意举报、诬告陷害等行为。

网络“软暴力”往往发端于“人肉搜索”，随之出现个人信息被肆意传播，进而受害者被有针对性地通过网络、电信手段进行谩骂、侮辱等。其侵犯的客体包括隐私权、名誉权,甚至是健康权、生命权等。

在《民法典》颁布之前,2017 年 6 月 1 日起实施的《网络安全法》明确加强了对个人信息的保护,而《最高人民法院、最高人民检察院关于办理侵犯公民个人信息刑事案件适用法律若干问题的解释》进一步明确了侵犯公民个人信息罪的定罪量刑标准。

行为人在未被授权的情况下,"人肉搜索"他人身份、照片等个人信息并散布的,如果情节严重将面临 3 年以下有期徒刑或拘役的刑事处罚。但在民事层面,一段时间内,隐私权、个人信息和私密信息的边界较为模糊,救济途径和其他民事侵权行为相比无特殊性。

《民法典》此次将人格权独立成编,全面加强对公民人格权的保护。人格权受到侵害的,受害人有权请求行为人承担民事责任。在人格权编第六章,对隐私权和个人信息保护进行了规定,首次将"私人生活安宁"明确写入隐私权,丰富了隐私权的内涵和保护范围。

《民法典》规定任何组织和个人不得以电话、短信、即时通信工具、电子邮件等方式侵扰他人的私人生活安宁。这意味着,实践中除了非法获取、泄露个人"私密空间、私密活动和私密信息"行为外,诸如短信谩骂、"呼死你"、弹屏攻击等破坏"私人生活安宁"的网络"软暴力"行为,也涉嫌侵犯隐私权。同时,上述行为往往伴随着侮辱、诽谤等,容易导致受害者的品德、声望、才能、信用等社会评价降低,侵犯其名誉权。

过去,受害者大多是在产生侵权损害后果以后,再通过法律手段寻求救济。此次《民法典》规定了禁令保护制度，明确民事主体有证据证明行为人正在实施或者即将实施侵害其人格权的违法行为，不及时制止将使其合法权益受到难以弥补的损害的，有权依法向人民法院申请采取责令行为人停止有关行为的措施。

从具体维权方式来讲，对于情节较轻的网络“软暴力”行为，公民可以依据《民法典》的规定，要求侵权者承担民事责任，包括停止侵害、排除妨碍、消除危险、消除影响、恢复名誉、赔礼道歉等。对于情节较为严重但未达到犯罪程度的，可向公安机关寻求帮助，公安机关可以依据《治安管理处罚法》对侵权者予以拘留或者罚款。对于情节严重的，受害者可以借助刑事手段，向公安机关报案、向法院提起自诉等进行维权。

值得一提的是，2019 年 4 月，最高人民法院、最高人民检察院、公安部、司法部发布了《关于办理实施“软暴力”的刑事案件若干问题的意见》，织密了依法严惩“软暴力”犯罪行为的法网。根据该意见，侵犯人身权利、民主权利、财产权利的“软暴力”手段，包括但不限于跟踪贴靠、扬言传播疾病、揭发隐私、恶意举报、诬告陷害、破坏、霸占财物等，通过信息网络或者通信工具实施符合上述规定的违法犯罪手段，应当认定为“软暴力”。这为打击实施网络“软暴力”黑恶势力犯罪提供了更具可操作性的法律依据。

29 我的姓名谁做主？

社会热点

姓名是人类为区分个体，给每个人予以特定的名称符号，是通过语言文字信息区别人群个体差异的标志。近年来，因姓甚名谁引发的姓名权纠纷不乏其例，主要涉及干涉、盗用、假冒他人姓名，侵害公民姓名权。此外，在互联网时代，很多人都使用网名，网名也具有了指代一个人的作用。《民法典》顺应了时代的要求，在人格权编对姓名权进行了规定，同时规定如果网名、笔名、艺名能够起到识别身份的作用，也可参照姓名权进行保护。

案　例

迈克尔·杰弗里·乔丹系美国 NBA 著名篮球明星，其于 2012 年以损害其姓名权等为由，向原国家工商行政管理总局商标评审委员会提出申请，请求撤销乔丹体育股份有限公司（以下简称乔丹公司）在多个商品类别上注册的“乔丹”“QIAODAN”等多项商标。商标评审委员会裁定驳回其申请。乔丹不服，提起行政诉讼。2014 年至 2015 年，一审、二审均败诉。此后乔丹向最高人民法院申请再审。

最高人民法院判决乔丹公司对争议商标“乔丹”的注册损害

迈克尔·乔丹在先姓名权,违反《商标法》,撤销一审、二审判决,判令商标评审委员会重新裁定,同时认定拼音商标"QIAODAN"及"qiaodan"未损害乔丹姓名权。

法 条

自然人享有姓名权,有权依法决定、使用、变更或者许可他人使用自己的姓名,但是不得违背公序良俗。(《民法典》第 1012 条)

任何组织或者个人不得以干涉、盗用、假冒等方式侵害他人的姓名权或者名称权。(《民法典》第 1014 条)

专家说法

彰显法治建设对"人"的进一步关注

褚霞(浙江垦丁律师事务所律师)

姓名是以人类血脉传承为根基的社会人文标识,更是人们在社会中必不可少的符号与标识,用来确定和代表各个自然人个体,并与其他自然人相区别。可以说,姓名是特定自然人的专用文字符号的标记,尤其是知名人士,其姓名对身份的识别性更为显著,也更具有经济价值。作为一个特定的自然人,有权依法确定、变更姓名，也有权就姓名进行合法、合理使用。对此，法律通过“姓名权”的方式予以保护，而姓名就是自然人姓名权的客体。

《民法典》将姓名权的保护以专章的形式予以规定，明确自然人有权“决定、使用、变更、许可”使用自己的姓名，是对姓名权现实保护问题的深切回应和提炼，进一步提升了法律层面对姓名权的重视，彰显了我国法治建设对“人”的关注，回应了人们日渐增强的尊重自我价值的需求，有助于增强各主体的权利和义务意识。

在2018年至2019年的某省高等学历数据清查工作中发现有上百人涉嫌冒名顶替入学资格取得学历，即是侵害了被顶替者包括姓名权、个人信息受保护权在内的民事权益。《民法典》明确规定，姓名权依法受保护，对自然人姓名权的保护、侵权认定和法律适用提供了明确的依据。

《民法典》规定，自然人对姓名权的权利享有和行使不得违背公序良俗，是对社会现实具体问题的回应，也有助于处理复杂、多变且多元的姓名权相关问题。济南市民吕某欲为其女儿取名“北雁云依”，但当地派出所认为此姓名不符合办理户口登记条件，拒绝登记，后吕某以被监护人的名义，认为公民依法享有姓名权包括自我命名权和改变自己姓名的权利，向法院提起行政诉讼，法院驳回了吕某的诉请。法院认为姓名由姓氏和名字组成，姓氏主要来源于客观上的承袭，系先祖所传，名字则源于主观创造，为父母所授。中国人对姓氏传承的重视和尊崇，不仅体现了血缘关系、亲属关系，更承载着丰富的文化传统、伦理观念、人文情怀，符合主流价值观念，是中华民族向心力、凝聚力的载体。无正当理由而随意选取姓氏甚至自创姓氏，会造成对文化传统和伦理观念的冲击，也不利于维护社会秩序和实现社会的良性运行。

《民法典》规定自然人有权“许可他人使用自己的姓名”，进一步关注到了人格利益的商业价值。随着时代的发展，姓名除了作为特定自然人的身份标识，还因特定自然人的社会身份、影响力而具有了一定的经济价值，明星代言行为就是人格与财产的结合。同时，为了规制商业活动中对自然人姓名的不当使用行为，《最高人民法院关于审理商标授权确权行政案件若干问题的规定》规定，将政治、经济、文化、宗教、民族等领域公众人物姓名等申请注册为商标，属于“其他不良影响”。如果当事人主张诉争商标损害其姓名权，相关公众认为该商标标志指代了当事人，容易认为标记有该商品系经过当事人许可或者与其存在特定联系的，法院应当认定该商标损害了当事人的姓名权。乔丹商标争议行政纠纷系列案件即是如此。

30 使用明星表情包也会侵权吗？

社会热点

在互联网时代，利用信息网络侵害肖像权的案件数量急速攀升。日新月异的网络技术，使肖像更加易于获取，使用更加便捷，传播更加迅速。网络环境中，肖像权纠纷绝大部分权利人属于社会公众人物，可辨识的肖像能够带来吸引力，便于从海量信息中聚集点击和关注，从而吸引流量、产生价值、取得经济效益，由此也引发了肖像权侵权问题。

案 例

胡某于2010年在某社交平台开通账号后，积累了不少人气。2015年，甲公司委托胡某编发一篇介绍该公司产品的软文。胡某编好后，将文章发布在自己的社交平台上，并配用了某明星的表情包。

2016年，该明星以侵犯肖像权为由，将胡某及甲公司诉至法院，请求判令二被告赔礼道歉，并赔偿经济损失15万元、精神损害抚慰金1万元、维权成本3000元。

庭审中，胡某及甲公司辩称，自己确实使用了原告的表情包，但是该表情包来源于网络搜索，原告既然允许自己的表情包在网络世界广泛流传，就应当视为放弃了对于该表情包的肖像权。

法院审理后认定胡某及甲公司使用原告表情包的行为侵犯了原告的肖像权，判决二被告书面向原告赔礼道歉，并赔偿经济损失及维权成本。

法　条

自然人享有肖像权，有权依法制作、使用、公开或者许可他人使用自己的肖像。肖像是通过影像、雕塑、绘画等方式在一定载体上所反映的特定自然人可以被识别的外部形象。（《民法典》第1018条）

任何组织或者个人不得以丑化、污损，或者利用信息技术手段伪造等方式侵害他人的肖像权。未经肖像权人同意，不得制作、使用、公开肖像权人的肖像，但是法律另有规定的除外。未经肖像权人同意，肖像作品权利人不得以发表、复制、发行、出租、展览等方式使用或者公开肖像权人的肖像。（《民法典》第1019条）

专家说法

使用明星表情包，须尊重肖像权

刘邢（北京互联网法院法官）

在网络环境中，明星表情包被广泛用于微信、微博以及各类网络论坛等场景中。一些网络用户认为使用明星表情包司空见惯，不构成侵权，这种观念值得警惕。

肖像权是自然人人格权的基本内容，其中蕴含肖像权人的精神利益和财产利益，因此国家通过法律的形式对其加以保护。依据《民法典》的规定，自然人享有肖像权，未经肖像权人同意，不得制作、使用、公开肖像权人的肖像，但是法律另有规定的除外。

在这起案件中，胡某未经肖像权人许可，擅自将权利人表情包作为软文配图，公开发布在自己的社交平台上，其目的是利用明星肖像吸引公众关注，提升软文的营销效果，该行为已经侵害了他人的肖像权。

目前在网络上，以营利为目的擅自使用明星肖像的行为并不鲜见，侵权行为除软文广告外，还有以“明星同款”名义利用公众人物的肖像推销商品、将明星肖像与品牌宣传相结合造成虚假代言效果等情形。而且随着社会公众心理需求的多样化，侵权人也广泛使用写真、剧照、综艺剪辑片段等肖像载体类型。

在司法实践中，网络环境里还有相当一部分侵权行为以表情包或恶搞形式出现，使用者以博取关注、蹭热点为主要目的，其行为本身不具有营利性质。与原《民法通则》相比，《民法典》已经不再将“以营利为目的”作为侵害肖像权的构成要件，是否以营利为目的仅需在确定责任承担时根据侵权人主观过错程度予以考虑。这一立法上的变化与当前肖像权保护的实际情况相契合，为肖像权人提供了更为全面的保护，体现出《民法典》与时俱进的精神。

那么是不是未经肖像权人同意，所有制作、使用、公开权利人肖像的行为都构成侵权呢？就这一问题，《民法典》在借鉴《著作权法》合理使用制度立法经验的基础上,创设性地规定了 5 类肖像合理实施行为不构成侵权,实现了肖像权的行使与社会公共利益和他人合法利益的协调。对于网络用户而言,如果是为个人学习、艺术欣赏、课堂教学或者科学研究,在必要范围内使用肖像权人已经公开的肖像,依照《民法典》的规定属于肖像合理实施行为,不构成侵权。

网络不是法外之地,对于不符合肖像合理实施条件的使用行为,肖像权人有权追究行为主体的法律责任。对此,社会公众应当树立尊重他人肖像权利的法律意识,充分认识到未经许可制作、使用、公开他人肖像,特别是公众人物的肖像,可能承担侵害肖像权的法律风险。在日常生活中使用他人已发布的明星表情包时,不宜随意修改、恶搞,在必要范围内使用明星肖像时,也不应出现侮辱和诽谤的言辞,更不能在未经许可的情况下以营利为目的使用明星肖像,避免因侵害肖像权而承担不利后果。

31 揭露学术不端，是否侵犯名誉权？

社会热点

近年来，关于抄袭、买卖论文等学术不端的例子频频曝光。揭露学术不端行为有利于维护健康的学术环境，是公民的一项正当权利，但在检举和揭发时，时常出现侮辱、诽谤等损害他人名誉的情况。在揭露学术不端过程中，如何保护他人名誉权不受损害，值得思考。

案　例

某高校学生王某在参评奖学金时，怀疑竞争对手赵某的学术论文有抄袭、造假嫌疑，于是在社交媒体散发赵某花钱找“枪手”代写论文的消息。事件持续发酵，学校得知后，经查证发现，赵某存在学术不规范现象，论文存在过度引用的问题，学校对其进行了批评教育，撤销了其奖学金评选资格。当事人对此并无异议，但赵某认为王某过分夸大事情的严重性，且在大众面前贬损其人格，认为王某行为侵犯其名誉权。

法　条

民事主体享有名誉权。任何组织或者个人不得以侮辱、诽谤

等方式侵害他人的名誉权。名誉是对民事主体的品德、声望、才能、信用等的社会评价。(《民法典》第1024条)

行为人为公共利益实施新闻报道、舆论监督等行为，影响他人名誉的，不承担民事责任，但是有下列情形之一的除外:(一)捏造、歪曲事实;(二)对他人提供的严重失实内容未尽到合理核实义务;(三)使用侮辱性言辞等贬损他人名誉。(《民法典》第1025条)

专家说法

学术不端应制裁，检举揭发有边界

张颖(北京市大兴区人民检察院检察官)
李娟(北京市大兴区人民检察院检察官助理)

近年来，互联网上频频曝出抄袭、买卖论文等学术不端的事例，引发社会公众广泛讨论。法律鼓励人们检举揭发学术不端行为，2016年颁布的《高等学校预防与处理学术不端行为办法》第14条规定:“高等学校对媒体公开报道、其他学术机构或者社会组织主动披露的涉及本校人员的学术不端行为，应当依据职权，主动进行调查处理。”第29条规定:“高等学校应当根据学术委员会的认定结论和处理建议，结合行为性质和情节轻重，依职权和规定程序对学术不端行为责任人作出如下处理:(一)通报批评;(二)终止或者撤销相关的科研项目,并在一定期限内取消申请资格;(三)撤销学术奖励或者荣誉称号;(四)辞退或解聘;(五)法律、法规及规章规定的其他处理措施”。由此可见,处理学术不端问题日益制度化、规范化,揭露学术不端的权利也受我国法律支持和保护,同时该权利应在法律许可的范围内行使,避免突破法律的界限。

我国《民法典》第 1024 条第 1 款和第 1025 条也作了相应规定,明确保护公民的名誉权不受侵犯。在对学术不端现象进行监督时,应尽到合理核实义务,不得捏造、歪曲事实,也不得使用侮辱性言辞贬损他人。因此,公民在揭露学术不端现象时应当把握分寸,应对检举揭发内容进行细致把控,要对所检举揭发问题的真实性、准确性负责,不能夸大其词,甚至捏造事实。

结合本案,王某检举揭发赵某学术不端一事,经学校查证属实,学校撤销赵某参评资格,并进行通报批评,这对端正校园学术风气,营造不骄不躁、风清气正的学术环境具有积极意义,对此应当予以鼓励。

但同时也应认识到,揭露学术不端的权利不应被滥用,在检举揭发的过程中,王某将该事在网上进行散布,使用夸张的表述,严重贬损赵某人格,极大地降低了人们对赵某的社会评价,致其名誉受到损害,对此负有一定的法律责任。

高等学校教学科研人员、管理人员、学生在科研活动中应当遵循实事求是的科学精神和严谨认真的治学态度,恪守学术诚信,遵循学术准则,尊重和保护他人知识产权等合法权益。我国法律保护公民对学术不端行为进行检举揭发,这对于维护风清气正之学术氛围、营造健康的学术环境具有积极作用。但同时应认识到,任何权利都不是无限的,揭露学术不端的权利也应在法律规定的范围内行使,避免触犯法律。

32 借小说贬损他人，边界在哪？

社会热点

小说等文学创作来源于现实生活，往往涉及对反面人物进行细致的、负面性的描绘。创作自由依法应予保护，但文艺创作不能突破法律底线，小说等文学作品不得侵害他人合法权益。近年来，借文学创作之机蓄意报复，对特定人员进行丑化和侮辱的名誉侵权案件屡见不鲜。

案　例

王某为上海知名曲艺家，曾红极一时。魏某以王某为原型人物创作长篇小说。小说使用了王某的真实姓名和艺名，内容除部分写实外，还虚构了部分有关生活作风、道德品质的情节，并多次使用“妖精”“骗子”等侮辱性词语。小说发表后，对王某的生活及工作造成了严重负面的影响。随后，王某以该小说侵害其名誉权为由向法院提起诉讼，主张魏某在其小说中故意以其形象为描述对象，歪曲并捏造事实，损害其名誉，要求停止侵害、恢复名誉并赔偿损失。

法 条

行为人发表的文学、艺术作品以真人真事或者特定人为描述对象,含有侮辱、诽谤内容,侵害他人名誉权的,受害人有权依法请求该行为人承担民事责任。行为人发表的文学、艺术作品不以特定人为描述对象,仅其中的情节与该特定人的情况相似的,不承担民事责任。(《民法典》第 1027 条)

专家说法

文学创作勿越界,人物设定勿侵权

张晓娜(北京市普胜达律师事务所律师)

小说等文学艺术创作是公民的自由,国家对公民在文学艺术事业中有益的创作,应予鼓励和支持。作者在行使文学艺术创作自由权的同时,须注意把握分寸和明确法定界限,尤其在以真人真事或者特定人为描述对象时,不得损害他人的名誉,否则应依法承担民事责任,甚至刑事责任。

《民法典》第 1027 条第 1 款规定,行为人在发表的文学、艺术作品中,行为人发表的文学、艺术作品以真人真事或者特定人为描述对象,并且含有侮辱、诽谤内容,侵害他人名誉权的,被侵权人有权依法请求该行为人承担民事责任。

一方面,从客观行为来看,行为人以真人真事或者特定人物创作小说作品时,存在侮辱、诽谤该特定人物的内容。一是人物方面,作品中刻画的人名采用真人真名,或取其名字谐音,所描述外貌、体型、背景等基本特征能与现实特定人物相对应。二是事件方面,作品与现实生活中的真实人物经历、基本历史事件完全相同或类似,并在此基础上捏造事实,编造荒诞事件,用侮辱、诽谤等方式丑化现实中的真实人物。

另一方面,从损害结果上看,小说作品使读者将其刻画人物与现实中的某个特定人物相联系,影射、侮辱、丑化该特定人物,侵权行为造成特定人物的社会评价降低,名誉受到损害,其工作和生活受到难以挽回的不利影响。

本案中,魏某创作小说塑造角色时使用王某真实姓名和艺名,所描述事件也与王某一致,这就使作品角色特定化,很容易使读者将现实中王某与作品角色对应起来。而其虚构角色的生活作风、贬损角色道德品质的情节,以及使用侮辱性词汇的行为,使读者产生不当联想,这对王某的社会评价造成严重不良影响。由此可判断,魏某的行为侵犯了王某的名誉权,魏某应依法承担停止侵害、赔礼道歉、消除影响、赔偿损失等相应的民事责任。

《民法典》加大了对公民名誉权的保护力度。文艺创作领域并非法外之地,对作品角色的塑造与刻画,涉及对其人格、品质的社会评价,这就要求作者在进行文学创作时应心存善意,切忌"醉翁之意不在酒",以文学创作之名行侮辱诽谤他人之实。文艺创作以真人真事或者现实中特定人物作为描述对象时,以避免误导读者,突破法律界限,侵害他人的合法权益。

同时，根据《民法典》第1027条第2款规定，若相关文艺作品并未以现实中特定人物作为描述对象，作品角色与现实人物的相关情况仅存在一定的相似性，但并未误导读者降低对现实人物的社会评价，则不能认定该文艺作品侵权，以保障创作自由。

33 谁“窃取”了我的好友列表？

社会热点

在给手机安装 App 时，往往会被询问是否允许索取定位、发送通知、访问设备照片、拨打电话等权限。为了正常使用 App，用户不得不选择“允许”或“接受”。但许多手机 App 对用户个人信息的收集，一方面采取贪得无厌的态度，过度收集，甚至未经许可或者授权自行收集；另一方面又存在“牛栏关猫”现象，导致用户个人信息泄露，被精准推送广告，甚至实施诈骗，给用户带来不必要的困扰乃至损失。工信部公布的 2020 年第二批侵害用户权益行为 App 名单里，在被点名的 15 个 App 中有 13 个涉及个人信息过度收集。由于手机 App 过度收集用户个人信息的受害者比较分散，且个人维权成本较高，极少出现用户个人提起诉讼的情形。

案 例

法学博士许先生在使用某 App 时发现，用微信或 QQ 账号登录该 App，该 App 在没有提示也未经许先生授权的情况下，获取了许先生的微信好友关系，并展示在好友页面上。不仅如此，该 App 还同步了许先生微信账号中的性别、地区等个人信息。而当许先生想删掉这些被违法收集的个人隐私信息时,却发现这个 App 竟然没有提供任何方式来取消个人信息的授权,也找不到任何能够删除个人隐私信息的地方。

无奈之下,许先生只能到法院起诉了该 App 运营方,并提起了行为保全申请(诉前禁令),要求运营方立即停止侵犯其隐私权的行为,并立即停止在这款 App 上使用其微信/QQ 账号信息以及好友关系。

最终,根据许先生的申请,法院裁定运营方立即停止在 App 中获取用户微信账号中的头像、性别、生日、地区等个人信息,以及微信好友信息的行为。

法 条

自然人享有隐私权。任何组织或者个人不得以刺探、侵扰、泄露、公开等方式侵害他人的隐私权。(《民法典》第 1032 条)

自然人的个人信息受法律保护。(《民法典》第 1034 条)

处理个人信息的,应当遵循合法、正当、必要原则,不得过度处理。(《民法典》第 1035 条)

专家说法

个人信息安全受法律明确保护

王建平(四川大学法学院教授、博士生导师)

未经授权获取他人微信好友信息和个人信息,这是典型的隐私权侵权案件。所谓隐私权,是指自然人享有的私人生活安宁与私人信息秘密依法受到保护,不被他人非法侵扰、知悉、收集、利用和公开的一种人格权。这种权利,包括他人在何种程度上可以介入自然人的私生活,对自己的隐私是否向他人公开,以及公开的人群范围和程度等都具有决定权。隐私权作为一种基本人格权利,受《民法典》明确保护。

本案中,在没有提示也未经许先生授权的情况下,某 App 对许先生微信好友关系的获取,以及对许先生性别、地区等个人私密信息的同步、公开,显然就违反了《民法典》第 1032 条"任何组织或者个人不得以刺探、侵扰、泄露、公开等方式侵害他人的隐私权"的规定。

许先生在起诉运营方公司时,基于其专业技能和常识,采用了"行为保全申请(诉前禁令)",第一时间向法院要求运营方立即停止侵犯其隐私权,立即停止在 App 上使用其微信/QQ 账号信息以及好友关系,是值得称道和肯定的。需要强调的是,运营方不能以

App是自动搜索，属于机器当然服务功能来进行抗辩。理由是，这只是运营方单方面业务能力的技术设计范畴，在其App服务时，收集用户的个人信息，不能未获得用户同意或者授权便自动收集用户个人信息。即便是获得了用户个人信息也不能随便公开，否则就有过度收集、过度处理等“过度使用”嫌疑。

现实生活中，各种手机或者电脑App自动服务功能，随意非法搜集、泄露、公开服务对象的隐私权的行为越来越多，大有泛滥之势。互联网时代，大数据、人工智能等各种先进技术的应用，在方便人们工作生活的同时，也加剧了个人信息暴露的风险。如何弥补算法漏洞，为个人信息安全筑起保护屏障，成为信息时代的一道法治必答题。为此，《民法典》规定了包括不得非法收集、使用、加工、传输他人个人信息，不得非法买卖、提供或者公开他人个人信息，不得处理他人的私密信息等处理隐私和个人信息的禁止性行为，为技术和与之相伴而生的商业行为“野蛮生长”划定了合规底线。需要强调的是，尽管《民法典》为保护公民个人信息筑起了“防火墙”，仍有不少企业和产品受利益驱使，非法过度收集公民的个人信息。要真正让法律落到实处，还需要公民行动起来，当发现自己的个人信息受到非法收集和处理时，要采取合法手段捍卫自己的权利，让非法侵害个人信息的行为无所遁形。

婚姻家庭、继承

Marriage and Family；Succession

34 离婚后“被负债”怎么办?

社会热点

离婚后,突然有一天被告知前夫或前妻私底下欠下了巨额债务需要一起偿还——离婚后“被负债”,这绝对是一件让人头疼的事。这种“被负债”,很多情况下其实是夫妻一方为了满足一己私利,或者与债权人恶意串通,损害夫妻另一方权益。对此,《民法典》有专门规定,保障未举债一方的合法权益。

案　例

深圳女子小娟和阿军 2011 年登记结婚,双方签订了婚前财产协议书,声明两人婚后用于各自名下经营活动的借款由各自承担。2014 年 5 月,两人的婚姻走到终点,离婚时,离婚协议书上载明双方无共同债务。

然而,离婚后还是有债主找上来了。债主名叫阿美,她到法院起诉阿军和小娟,要求两人偿还其借款本金 24 万元及利息。借据显示,阿军共向阿美借款 39.7 万元,除已偿还的 20.7 万元外,还有 19 万元未偿还。

一审法院判决阿军偿还阿美借款本金 19 万元及利息,小娟对其与阿军夫妻关系存续期间的借款本金及利息承担共同还款责任。

小娟一直觉得“有诈”,她和阿军的婚姻仅维持了不到3年,她对债务完全不知情也在情理之中,而“债主”阿美是阿军的前女友。于是小娟上诉指出阿军和阿美昔日的男女朋友关系及存在虚假借款的可能性,并对债务没有用于夫妻共同生活进行了举证。

深圳市中级人民法院经审理认为,判断债务是否系夫妻共同债务的前提,应当是看该债务是否用于夫妻共同生活。因本案证据能够证明涉案债务没有用于夫妻共同生活,应依法认定为阿军的个人债务。法院判决阿军偿还阿美借款本金人民币19万元及利息,驳回阿美的其他诉讼请求。

法条

夫妻双方共同签名或者夫妻一方事后追认等共同意思表示所负的债务,以及夫妻一方在婚姻关系存续期间以个人名义为家庭日常生活需要所负的债务,属于夫妻共同债务。夫妻一方在婚姻关系存续期间以个人名义超出家庭日常生活需要所负的债务,不属于夫妻共同债务;但是,债权人能够证明该债务用于夫妻共同生活、共同生产经营或者基于夫妻双方共同意思表示的除外。(《民法典》第1064条)

专家说法

民法典为夫妻共同债务标准一锤定音

赵志富(天津市滨海新区人民法院法官)

如何认定夫妻共同债务,一直以来都是社会关注的热点问题,而且争议很大。《民法典》通过第1064条的两款规定,确立了认定夫妻共同债务的标准,起到了一锤定音的作用。

《民法典》第1064条第1款建立了“共债共签”制度,将夫妻共同意思表示所举的债务规定为夫妻共同债务。确立此条,不仅是为了将夫妻共同签字的债务规定为夫妻共同债务,更重要的是,想以此手段来保护夫妻未举债一方的知情权、同意权和决定权。它发挥了法律规范的指引作用,通过该规定来引导债权人出借款项时要求夫妻双方共同签字,或是通知债务人配偶,以此来实现债务人配偶的知情权、同意权、决定权。

另外,《民法典》关于夫妻共同债务的规定减轻了未具名举债一方的证明责任。司法实务中,夫妻未具名举债一方要想证明债权人与债务人约定为个人债务非常困难,因为一方举债通常具有隐蔽性,恶意举债更是如此,举债人会极力隐瞒,因此让未举债一方来证明她从未参加过的情况,难度较大。我国的法定财产制是夫妻共有制,实行约定财产制的较少,实行约定财产制的夫妻想要证明出现此种情况为第三人所知也很困难。即使勉强举证，一般也需要夫妻一方债务人的配合，但是此种案件纠纷一般出现在夫妻感情破裂时，此时债务人一般不会配合。

鉴于此，根据《民法典》的规定，只有在法院将日常生活所需范围内所负的债务推定为夫妻共同债务时，被负债的夫妻一方才需要证明该笔债务并未用于夫妻日常生活或者夫妻之间实行约定财产制且为债权人知道，也可以通过证明债权人与债务人之间明确约定为个人债务，来证明该债务不属于夫妻共同债务。除此之外的夫妻共同意思表示形成的债务以及超出日常生活所需用于共同生活和共同生产经营所负的债务，举债的夫妻一方均无须承担证明责任。

本案中，阿军的债务属于以个人名义超出家庭日常生活需要所负的债务。除非债权人能够举证证实所借款项用于夫妻共同生活、共同生产经营或者基于夫妻双方共同意思表示。在债权人无法举证证实的情况下，法院不会将这笔债务认定为夫妻共同债务。

可见，只要适用《民法典》第 1064 条的规定，能在很大程度上解决离婚后“被负债”的问题。

35 数份遗嘱酿冲突，以何为准？

社会热点

财产继承关系到每个家庭的财富传承,也涉及每个人的切身利益。对于家庭财产继承来说,依据法律,有遗嘱的按照遗嘱继承或者遗赠办理。遗嘱是遗嘱人在具备遗嘱能力时,处分其财产的真实意思表示,死亡前可以加以变更、撤销。因此在现实生活中,不乏遗嘱人生前订立了多份遗嘱的情形。在这种情况下,应按照哪份遗嘱进行继承,往往会引起纠纷。《民法典》继承编中对于继承进行了修订,这些新变化将对遗嘱继承产生重要影响。

案　例

老王有一儿一女,名下有一房一车。老伴去世得早,老王的儿子没有正式工作,因为担心自己去世后孙子没有地方住,于是老王写了一份遗嘱,将车子给女儿,房子给儿子。后老王生病,只有女儿尽心照料,老王又到公证处立了一份公证遗嘱,把车子给儿子,房子给女儿。

又过了几年,老王明显感觉身体一日不如一日,最终还是担心孙子没有地方居住,趁两个老友来看他,便让老友帮忙代写了一份遗嘱,确定把房子给儿子,车子给女儿。不久,老王去世,兄妹两人收拾遗物时发现了三份遗嘱。儿子把女儿告上法庭，要求继承房子。

法 条

遗嘱人可以撤回、变更自己所立的遗嘱。立遗嘱后，遗嘱人实施与遗嘱内容相反的民事法律行为的，视为对遗嘱相关内容的撤回。立有数份遗嘱，内容相抵触的，以最后的遗嘱为准。（《民法典》第1142条）

专家说法

实现遗嘱人的意思自治

于东镇（内蒙古鼎印律师事务所律师）

"人到最后时刻，心里还在意的人和事，就是这辈子最宝贵的财产。遗嘱是提醒自己活着的时候，珍惜这些人和事。""90后立遗嘱事件"频上热搜，"明天和意外不知哪一个先来"是遗嘱年轻化的主要原因。随着观念转变，订立遗嘱在很多人看来也不再是一件晦气的事。正因为对生活充满热爱，才要提前规划人生。

《民法典》施行前，根据《最高人民法院关于贯彻执行〈中华人民共和国继承法〉若干问题的意见》第42条的规定，遗嘱人以不同形式立有数份内容相抵触的遗嘱,其中有公证遗嘱的,以最后所立公证遗嘱为准;没有公证遗嘱的,以最后所立的遗嘱为准。即法律效力上,最后的公证遗嘱大于其他公证遗嘱,其他公证遗嘱大于其他种类遗嘱。

因此,在前述已经发生的案例中,法院依据当时法律法规最终认定了公证遗嘱的效力,女儿继承房产,儿子继承车辆。

《民法典》为类似情形提供了不同的裁判依据。第 1142 条规定,立有数份遗嘱,内容相抵触的,以最后的遗嘱为准。新旧法对比可知,《民法典》继承编对遗嘱规则进行了修改完善,充分体现了我国遗嘱制度立法理念的转变。

原《继承法》中,公证遗嘱被确认为效力最高的遗嘱形式,其余形式的遗嘱不得对公证遗嘱进行撤销、变更。《民法典》规定,遗嘱效力确定的基本依据是遗嘱意愿表示时间的先后,而非经公证与否。因为公证遗嘱有着规范的办理程序,要想对其进行撤销或变更,会面临复杂的流程。如果立遗嘱人遇到紧急情况,又有新立遗嘱的意愿,严格的程序便成了障碍。如果仍以最后的公证遗嘱为依据,将难以充分尊重立遗嘱人的真实意愿,有悖于意思自治的基本原则。

《民法典》第 1134 条至第 1139 条的规定共有 6 种遗嘱形式,分别是自书遗嘱、代书遗嘱、打印遗嘱、录音录像遗嘱、口头遗嘱及公证遗嘱。新增的打印遗嘱、录像遗嘱也是本次修订的亮点。这两种形式使遗嘱的法定形式更加丰富。

《民法典》颁行后,立遗嘱将变得更加便捷,能更好地反映遗嘱人的真实意愿,顺应了时代发展和民众对遗嘱形式多样性、便捷性的需要。另外，也有助于法官更加准确判断遗嘱效力，统一裁判尺度。

值得注意的是，虽然《民法典》的立法本意是实现遗嘱人的意思自治，充分尊重遗嘱人自由处分财产的遗愿，但并不意味订立遗嘱没有任何限制。遗嘱人立遗嘱须要符合法律规定的形式要件，如自书遗嘱应由遗嘱人亲笔书写、签名，代书遗嘱、打印遗嘱、以录音录像形式订立的遗嘱以及口头遗嘱需要有两个以上见证人在场。

36 起诉离婚，哪些情形下夫妻才可“一别两宽”？

社会热点

每个人都置身于一定的亲缘关系之中，家庭、婚姻成为一种社会关系的纽带与载体。近年来，受社会发展、观念变化以及人口结构等方面的影响，我国离婚率逐年上升。但是，无论社会如何发展，婚姻大事不可视同儿戏的传统观念仍值得珍视，“说离就离”也不能成为一时的任性之举。《民法典》对因感情破裂而准予离婚的情形进行了明确规定。

案　例

刘某与祝某2005年登记结婚，双方均系再婚，婚后未生育子女。双方婚后因拆迁利益分配产生矛盾并分居，刘某于2019年4月向法院起诉请求离婚被驳回。

2020年10月，刘某再次起诉要求离婚。其主张第一次起诉离婚被驳回后，双方仍然处于分居状态，关系并未改善。祝某不同意离婚，经法院主持调解，双方仍各执己见。

一审法院认为，双方均系再婚，对于家庭生活中产生的问题应相互信任、相互理解、加强沟通。只要双方各自检讨自身存在的问题，加强沟通和交流，双方的婚姻关系还有改善的可能，此案不足以认定夫妻感情确已破裂,判决驳回离婚请求。

刘某不服,上诉至北京市第一中级人民法院。该院经审理认为,法院于 2019 年 5 月判决双方不准离婚后,双方又分居至今已满一年,现刘某再次起诉要求离婚,根据《民法典》的规定应当准予,改判支持刘某的离婚请求。

法 条

夫妻双方自愿离婚的,应当签订书面离婚协议,并亲自到婚姻登记机关申请离婚登记。离婚协议应当载明双方自愿离婚的意思表示和对子女抚养、财产以及债务处理等事项协商一致的意见。(《民法典》第 1076 条)

夫妻一方要求离婚的,可以由有关组织进行调解或者直接向人民法院提起离婚诉讼。

人民法院审理离婚案件,应当进行调解;如果感情确已破裂,调解无效的,应当准予离婚。

有下列情形之一,调解无效的,应当准予离婚:(一)重婚或者与他人同居;(二)实施家庭暴力或者虐待、遗弃家庭成员;(三)有赌博、吸毒等恶习屡教不改;(四)因感情不和分居满二年;(五)其他导致夫妻感情破裂的情形。

一方被宣告失踪,另一方提起离婚诉讼的,应当准予离婚。

经人民法院判决不准离婚后,双方又分居满一年,一方再次提起离婚诉讼的,应当准予离婚。(《民法典》第 1079 条)

专家说法

兼顾人文关怀与时代发展的婚姻解除制度

姚佳(中国社会科学院法学研究所编审、教授)

《婚姻家庭法》是典型的身份法,蕴含伦理性、人文性,是“法律化的道德”和“道德化的法律”充分融合的体现。《婚姻家庭法》的制度构建充分关照个体与家庭利益,旨在实现个人、家庭、社会与时代“四位一体”的全方位发展。

在我国,离婚有两种方式:一是协议离婚,当事人在自愿情况下可以直接到民政部门办理离婚手续。二是诉讼离婚,在夫妻双方达不成一致意见时,须到法院起诉,由法院作出是否准予离婚的判决。本案属于诉讼离婚案件,刘某两次到法院起诉与祝某离婚,但法院认为双方的婚姻关系还有改善的可能,不足以认定夫妻感情确已破裂,因此,没有准予双方离婚。

实践中此类案例不在少数。一方反复起诉离婚,而另一方不同意离婚,法院考虑到不存在重婚、与他人同居以及家庭暴力等情况,均判决不准离婚,而双方事实上已经不存在感情,只能勉强维系形式上的婚姻关系。这种情况已经在相当程度上背离了婚姻本身的意义与价值。如何把握夫妻感情确已破裂这一判断标准,确实给法律制度和司法实践提出了难题。

在婚姻自由的基础上，婚姻法作为一种国家干预形式，其所要实现的是如何更好地保障个体权益与人格独立，通过制度完善实现价值选择与法律规则的合理可行。在诉讼离婚情形下，人民法院以调解为前置程序，对于判断夫妻感情是否确已破裂，主要从婚姻基础、婚后感情、离婚原因、夫妻关系的现状和有无和好的可能等多方面进行判断。

然而，在实践中，法官作为某一婚姻关系的"旁观者"，即便其再换位思考，也很难将自身完全"代入"某一具体的夫妻关系之中，可能会遇到较多判断难题。这也就出现了当事人意欲坚决离婚，而法官却试图从客观角度判断不准离婚等诸多"两难境地"。

《民法典》在《婚姻法》以及相关司法解释的基础上，增加了相关判断夫妻感情确已破裂的标准，即第1079条第5款规定，"经人民法院判决不准离婚后，双方又分居一年，一方再次提起离婚诉讼的，应当准予离婚"。这一规定对当事人具有积极意义，对法官掌握相关判断标准也增加了一定可操作性。

2020年12月通过的《最高人民法院关于适用〈中华人民共和国民法典〉时间效力的若干规定》第22条规定，"民法典施行前，经人民法院判决不准离婚后，双方又分居满一年，一方再次提起离婚诉讼的，适用《民法典》第一千零七十九条第五款的规定"。本案二审时《民法典》已正式施行，案情也符合《民法典》第1079条第5款规定的情形。因此，二审改判准予离婚。

本案是适用《民法典》新规定审结的全国首例婚姻关系解除案件，体现出法律旨在维护婚姻家庭当事人合法权益的人文关怀，同时也实现了符合现实需求和时代要求的公正裁判价值。

37 姑妈留下的房产，谁有权继承？

社会热点

继承权是公民享有的民事权利。在我国，被继承人去世后，若无遗嘱和遗赠抚养协议，就要按照法定顺序分割遗产。若继承人先于被继承人死亡的，继承人的子女有权代位继承遗产。但是，按照原《继承法》的规定，享有代位继承权的人，仅限于被继承人的直系孙辈，被继承人的兄弟姐妹的子女并无代位继承权。《民法典》规定了侄、甥的代位继承权，增加了财产在亲人之间传承的可能性，体现了对公民私有财产的保护。

案 例

2011 年 2 月 16 日，92 岁的王阿婆去世。其生前未婚、没有儿女，父母早已离世，仅有的一个弟弟王甲也先于其去世。按照当时《继承法》的规定，王阿婆走后遗留的房产无人能够继承。王阿婆的弟弟王甲育有王乙、王丙、王丁、王戊（1999 年死亡）4 个子女，但在当时这几个侄子女都没有继承权。

王阿婆晚年时，一直由侄子王乙照顾。根据规定，继承人以外的对被继承人扶养较多的人，可以分给适当的遗产。但是，王乙虽尽到主要的扶养义务，也难以继承姑妈的全部房产，遗产中的剩余部分要被认定为无主遗产,归国家所有。

2020 年 12 月 8 日,为了这起房屋遗产法定继承纠纷,王乙起诉到上海市虹口区人民法院,请求继承姑妈名下的房屋遗产。

2021 年 1 月 4 日,上海市虹口区人民法院适用《民法典》代位继承相关规定,通过调解方式成功化解了这起继承纠纷。王乙的哥哥和妹妹体谅王乙的辛苦付出,主动放弃了遗产的继承权。最终,由王乙一人继承被继承人王阿婆名下的房屋遗产,双方当事人当场签订了调解协议,法院出具民事调解书,当场送达了双方当事人。

法 条

遗产按照下列顺序继承:

(一)第一顺序:配偶、子女、父母;

(二)第二顺序:兄弟姐妹、祖父母、外祖父母。

继承开始后,由第一顺序继承人继承,第二顺序继承人不继承;没有第一顺序继承人继承的,由第二顺序继承人继承。

本编所称子女,包括婚生子女、非婚生子女、养子女和有扶养关系的继子女。

本编所称父母,包括生父母、养父母和有扶养关系的继父母。

本编所称兄弟姐妹,包括同父母的兄弟姐妹、同父异母或者同母异父的兄弟姐妹、养兄弟姐妹、有扶养关系的继兄弟姐妹。(《民法典》第 1127 条)

被继承人的子女先于被继承人死亡的,由被继承人的子女的直系晚辈血亲代位继承。

被继承人的兄弟姐妹先于被继承人死亡的，由被继承人的兄弟姐妹的子女代位继承。

代位继承人一般只能继承被代位继承人有权继承的遗产份额。(《民法典》第1128条)

专家说法

扩大代位继承人范围有助亲属关系和谐稳定

李丹龙(中国社会科学院法学研究所博士后)

代位继承是法定继承的一种特殊情况，旨在解决法定继承人先于被继承人死亡时，如何确定继承人范围和遗产份额分配的问题。在代位继承中，先于被继承人死亡的继承人，称被代位继承人；代替被代位人继承遗产的人，称代位继承人。

本案中，王阿婆于2011年去世，根据原《继承法》第11条代位继承的规定，仅有被继承人的子女的晚辈直系血亲，也就是其孙辈能够代位继承遗产，王阿婆的侄子王乙不在法律规定的代位继承人范围中。由于王乙长期照顾王阿婆，只能适用《继承法》第14条之规定，以继承人以外的对被继承人扶养较多的人的资格，适当分得王阿婆的遗产，而王阿婆的其他子侄(女)则不能分得遗产。

由于我国法律未对遗产分割的时间作出限制，王阿婆的亲属在王阿婆去世后的几年里也未进行遗产分割，直到2020年12月8日，侄子王乙起诉到上海市虹口区人民法院，请求适用2021年1月1日起施行的《民法典》代位继承相关规则，继承姑妈王阿婆的遗产。

根据《民法典》之规定，构成代位继承需满足以下四点：第一，享有继承权的被代位人必须先于被继承人死亡；第二，先死亡的被代位人必须是被继承人的子女或兄弟姐妹；第三，代位人必须是被继承人的子女的直系晚辈血亲或被继承人的兄弟姐妹的子女；第四，被代位人未丧失继承权。

本案中，王阿婆死亡，没有第一顺序继承人（包括第一顺序继承人的代位人），应当由第二顺序继承人继承；王甲作为王阿婆的弟弟属于第二顺序继承人，先于王阿婆死亡；王甲的子女均为被继承人的兄弟姐妹的子女；王甲没有丧失继承权。因此，本案适用《民法典》第1128条，王甲的所有子女共同继承王甲有权继承的遗产份额。注意，此时，王甲的子女继承王阿婆的遗产并非因为其尽到赡养义务，而是因为王甲的子女享有代位继承权。

不过，在法院的调解下，王乙的兄弟姐妹体谅王乙多年照顾王阿婆的付出，自愿放弃遗产继承权，最终由王乙一人继承了王阿婆的房屋遗产。

我国的社会家庭架构、继承观念等已发生了巨大变化。《民法典》在原《继承法》的基础上，完善代位继承制度，扩大代位继承人的范围，以满足人民群众处理遗产的现实需要。将被继承人的兄弟姐妹的子女纳入代位继承人的范围，不仅有利于遗产在亲属间的流转，符合民间传统继承习惯，更有助于维系血缘亲情，鼓励亲属之间相互帮扶，从而促进亲属关系和谐稳定。

侵权责任

Tort Liability

38 “网红”游乐项目纠纷频发，责任谁担？

社会热点

近年来，随着全民健身活动的蓬勃开展，一些新兴游乐项目逐渐成为“网红”运动，诸如攀岩、蹦床、晃桥、蹦极等走入大众视野。然而，在追逐潮流的同时，因新兴游乐项目引发的安全事故频频发生，纠纷呈逐年上升趋势。

案　例

晏某及朋友共5人前往某一生态农庄经营的蹦床公园内玩耍。进入之前，晏某等人签署了《入场安全免责须知》，其中载明严禁在馆内进行危险动作(空翻、转体等)。晏某称事发当天是其第一次玩蹦床，玩的过程中没有工作人员进行指导。其在做空翻时受伤，后未向工作人员反映身体不适，工作人员亦未对其进行急救或采取相应医疗措施。后经医院诊断为胸12椎体爆裂骨折、胸11棘突骨折。经鉴定，晏某已构成十级伤残。

法　条

自愿参加具有一定风险的文体活动，因其他参加者的行为受到损害的，受害人不得请求其他参加者承担侵权责任；但是，其他

参加者对损害的发生有故意或者重大过失的除外。(《民法典》第1176条第1款)

宾馆、商场、银行、车站、机场、体育场馆、娱乐场所等经营场所、公共场所的经营者、管理者或者群众性活动的组织者,未尽到安全保障义务,造成他人损害的,应当承担侵权责任。因第三人的行为造成他人损害的,由第三人承担侵权责任;经营者、管理者或者组织者未尽到安全保障义务的,承担相应的补充责任。经营者、管理者或者组织者承担补充责任后,可以向第三人追偿。(《民法典》第1198条)

专家说法

提高风险防范意识，谨慎选择游玩项目

刘宏艳(北京市顺义区人民法院牛栏山法庭庭长)

一定的风险性是文体活动固有的特点,这既增强了文体活动的魅力,也构成了其潜在的风险。为避免因噎废食,自甘冒险原则应运而生。

根据自甘冒险原则,受害人明知可能遭受来自特定危险源的风险,仍愿意主动介入该风险当中冒险行事,如最终因该风险使自身遭受损害,则加害人可以免除或减轻民事责任。《民法典》第

1176条对自甘冒险原则作出明确规定。本案中,晏某作为具有完全民事行为能力的成年人,在经营者尽到一定告知提示义务的前提下,仍在初次游玩时冒险作出高危险性动作,应对自己的受伤负主要责任。

同时,根据案情来看,虽然生态农庄要求晏某签署了《入场安全免责须知》,但未尽到区域区分、引导、确认等安全保障义务,对晏某受到的伤害应承担侵权责任,负次要责任。

基于自甘冒险原则,新兴游乐项目的参与者应仔细阅读风险告知,谨慎选择游玩项目。监护人要尽到监护责任,防止未成年人为寻求刺激擅自游玩。

在游玩过程中,参与者要严格遵循游戏规则,在游玩中发生危险,要及时拨打急救电话并呼叫管理人员。事故发生后,切莫将门票等凭证随意丢弃,对于能够证明事发经过或现场的照片、视频须妥善保存,以减少维权困难。

对经营者而言,应在游玩场所配置安全设备和急救药品等,在高危游玩项目处应至少配备1名着装醒目的专业技术指导人员,进行游玩提示、规则讲解、动作指引、秩序维护。同时应充分履行告知义务,通过投保人身意外保险等方式,分担化解相应风险,提升赔付能力。

39 打羽毛球被砸伤，球友该赔偿吗？

社会热点

体育活动随着全民健身的热潮日益普及。闲暇之余，约上三五球友，一块切磋球技，既丰富了日常生活、锻炼了身体，也增进了感情。可是，运动中难免会出现意外，如在击球、对抗、碰撞过程中受伤等。此时，如何承担责任备受关注。

以往一些案例中，在被告不存在过错的情况下，法院虽然不会认定其承担侵权责任，但为了息事宁人，会依据公平原则判决被告给予原告一定补偿，以抚慰受伤者。如 2019 年年底，在曾某玲、李某梅健康权、身体权纠纷二审案件中，四川某地法院认为双方自由组合羽毛球双打练习活动，在双方均不存在过错的前提下，依据公平原则确定由李某梅对曾某玲人身伤害造成的损失给予 40% 的补偿，共计 25,000 余元。

如今，随着《民法典》的实施，自甘冒险原则将有助于结束各地法院裁判标准不一的问题，让参加体育活动者免除后顾之忧，避免“谁受伤谁有理”状况的出现。

案　例

2020 年 4 月 28 日上午，原告、被告与案外四人进行羽毛球比赛。比赛过程中,原告被被告击打的羽毛球击中右眼。事发后,原告由被告陪同至医院就诊。7 月 6 日,医院出具诊断证明,显示原告术前右眼视神经萎缩,术后右眼最佳矫正视力为 0.05。原告以身体权被侵害为由,将被告诉至法院。

2021 年 1 月 4 日,北京市朝阳区人民法院对这起案件进行公开审理,并当庭宣判,认为原告明知羽毛球运动的风险,仍自愿参加,将自身置于潜在危险之中,应认定为自甘冒险的行为,且被告不存在故意或重大过失,故根据《民法典》有关自甘冒险的规定,判决驳回原告的全部诉讼请求。

法 条

自愿参加具有一定风险的文体活动,因其他参加者的行为受到损害的,受害人不得请求其他参加者承担侵权责任;但是,其他参加者对损害的发生有故意或者重大过失的除外。(《民法典》第 1176 条)

专家说法

自甘冒险原则有助文体活动健康有序发展

郭天天(北京市朝阳区人民法院法官)

这起案件是《民法典》实施后,北京市朝阳区人民法院适用

“自甘冒险”条款的首例民事案件。

原告主张被告侵犯其身体的行为属于适用一般过错责任的一般侵权行为。本案中，被告实施了加害行为，原告受到了身体伤害，且两者之间存在因果关系，因此，认定被告是否构成侵权的关键，在于被告主观上是否存在过错。

被告主张原告构成自甘冒险，被告不应该承担侵权责任；原告则主张被告存在重大过失，即便不存在重大过失，也应适用公平责任分担损失。

羽毛球运动是典型的对抗性体育运动项目，除扭伤、拉伤等风险外，较为突出的风险是参赛者易被羽毛球击中。原告作为多年参与羽毛球运动的爱好者，对于自身和其他参赛者的能力以及此项运动的危险，应当有所认知和预见，但仍自愿参加比赛，应认定为《民法典》第 1176 条规定的自甘冒险行为。在此情况下，只有被告存在故意或重大过失时，才需承担侵权损害赔偿责任，否则无须担责。

被告回球时并无过多考虑、判断的时间，且高度紧张的比赛氛围会导致参赛者注意力集中于运动，很难要求参赛者每次行为都经过慎重考虑，故应将此情形下的注意义务限定在较一般注意义务更为宽松的体育道德和规则范围内。被告杀球进攻的行为属于该类运动的正常技术动作，并不存在明显违反比赛规则的情形，故不应认定其存在重大过失。

公平责任，是指双方当事人对于损害的发生均无过错，且法律又未规定适用无过错的情形下，基于公平的观念，由双方对损失予以分担，但其适用范围应受到严格限制。本案并不具备依据《民法典》第1186条适用公平责任的条件,相反,案涉情形该如何定责已由《民法典》第1176条予以明确规定,故案件不具备适用公平责任的条件。2021年1月1日起实施的《最高人民法院关于适用〈中华人民共和国民法典〉时间效力的若干规定》明确,《民法典》施行前,受害人自愿参加具有一定风险的文体活动受到损害引起的民事纠纷案件,适用《民法典》第1176条的规定。

最终,北京市朝阳区人民法院一审判决驳回原告的全部诉讼请求。

自甘冒险是《民法典》侵权责任编中正式确立的新规则。《民法典》严格限定了其适用情形为具有一定危险性的文体类活动,且仅适用于因参与者的行为造成的损害,并不能与公平分担损失的规定同时适用。这一条款的确立,对于司法裁判尺度的统一以及文体活动的健康有序发展,都具有积极意义。

40 吃“霸王餐”逃跑摔伤，谁该担责？

社会热点

遭遇车祸后发现肇事方想逃跑，将车子或钥匙扣留；顾客吃“霸王餐”不付款，店主将其暂扣不许离开；在路边发现被盗的自行车，撬开锁将车骑回家……为更好地保护广大人民群众的人身权、财产权，防止“我伤我有理”“我闹我有理”现象的出现，《民法典》赋予个人在一定条件下的自我保护权利。

案　例

佘某某、李某系夫妻关系，二人经营餐馆。马某等人在佘某某、李某经营的餐馆就餐，餐费约 260 元。李某因发现马某等人未结账即离开，于是沿路追赶。李某看到马某等人后，呼喊埋单再走，马某等人遂分散走开，其中马某距离李某最近，李某便紧跟着马某，并拨打“110”报警。随后，佘某某赶到，与李某一起追赶马某，马某在逃跑过程中摔伤。经鉴定，马某损伤程度属轻伤二级，住院治疗产生医疗费等支出。马某遂诉至法院，请求判令佘某某、李某赔偿其因被追摔伤所造成的各项经济损失 4 万余元。

法 条

合法权益受到侵害，情况紧迫且不能及时获得国家机关保护，不立即采取措施将使其合法权益受到难以弥补的损害的，受害人可以在保护自己合法权益的必要范围内采取扣留侵权人的财物等合理措施；但是，应当立即请求有关国家机关处理。

受害人采取的措施不当造成他人损害的，应当承担侵权责任。(《民法典》第1177条)

专家说法

被侵害方具有必要限度的自我保护权利

程啸(清华大学法学院副院长、教授)

民法的主要功能是要便利社会交往，鼓励有序地解决争端。一般来说，当民事主体的合法权益遭受侵害时，应当通过报警、起诉等方式请求国家机关保护。但是，在某些特定情形下，在合法权益受到侵害时，可能因为情况紧迫而来不及获得国家机关的保护。此时，倘若完全否定权利人以自己力量维护自己权利的行为，将错过维权的最佳时机，显然是不妥的。

本案中，马某等人吃完饭不给钱就离开，属于侵犯李某与佘某某合法权益的行为。如果李某与佘某某只能报警，静待警察的到来,而不能采取任何维护自己权益的合理措施,那么,一旦马某等人离开,就难以找到他们,李某与佘某某的合法权益势必遭受难以弥补的损害。故此,我国《民法典》明确规定了自助行为,允许合法权益受到侵害的民事主体在合理的限度范围内采取措施来维护自身合法权益。

从《民法典》的规定可知,自助行为有严格的限制条件:首先,必须是合法权益受到侵害,如赌债、高利贷等非法债务不能适用自助行为。所谓合法权益,仅限于依法可以强制执行的请求权(债权、物权请求权)。对于无须相对人进行给付的权利如形成权、支配权,不能采取自助行为。其次,必须是情况紧迫且不能及时获得国家机关保护,不立即采取措施将使其权益受到难以弥补的损害。这是因为自助行为具有补充性,是一种迫不得已的行为。再次,自助行为人应当是在保护自己合法权益的必要限度内采取合理的措施,如扣留物品等。最后,应当立即请求有关国家机关处理,最典型的方式就是报警,请求公安机关来处理。

从本案来看,李某与佘某某的行为完全符合上述自助行为的要件。他们是为了保护自己的合法权益,因为马某等人吃完饭不给钱就逃走,属于典型的吃“霸王餐”。佘某某、李某在发现马某等人逃跑后阻拦其离开并让马某埋单或者告知请客付款人的联系方式,这些措施也完全是在维护自己合法权益的必要范围内的合理措施。李某及时拨打了“110”报警,属于立即请求国家机关处理。故此,李某与佘某某的行为属于自助行为,并无不当,不构成侵权行为。至于马某逃跑中摔伤完全是其自身行为所致,应自担损害。法院判决李某与佘某某无须承担侵权责任是完全正确的。

《民法典》关于自助行为的规定赋予了自然人在一定条件下的自我保护权利,是对国家机关保护的有益补充,既有利于保护自然人的人身财产权益,也有利于对这种行为进行规范,防止出现借自助行为之名侵害他人合法权益(如暴力讨债)的社会乱象。

41 高仿明星账号频现，谁来维护用户权益？

社会热点

当前,短视频平台上仿冒明星账号的现象比较多见。这些账号使用明星的名字,头像大多是明星本人照片,发布内容也大多是这些明星的影像资料。在以山寨方式吸引关注后,这些账号进而可能会欺骗用户的感情,还可能通过理财、直播带货等方式骗取钱财。

案　例

江西赣州的黄女士在某短视频平台被冒充某著名男星的账号所骗,引发广泛关注。黄女士称某明星已经通过短视频向其表白,并为此离家出走。据了解,双方经常在平台互动,该仿冒账号除发布一些小视频外,还会进行直播带货,黄女士每次都全力参与。

法　条

一方以欺诈手段,使对方在违背真实意思的情况下实施的民事法律行为,受欺诈方有权请求人民法院或者仲裁机构予以撤销。(《民法典》第148条)

任何组织或者个人不得以干涉、盗用、假冒等方式侵害他人的

姓名权或者名称权。(《民法典》第1014条)

任何组织或者个人不得以丑化、污损,或者利用信息技术手段伪造等方式侵害他人的肖像权。未经肖像权人同意,不得制作、使用、公开肖像权人的肖像,但是法律另有规定的除外。(《民法典》第1019条第1款)

网络服务提供者知道或者应当知道网络用户利用其网络服务侵害他人民事权益,未采取必要措施的,与该网络用户承担连带责任。(《民法典》第1197条)

专家说法

加强高仿明星账号引发的道德与法律风险规制

张力(西南政法大学民商法学院教授)

短视频平台中高仿明星账号泛滥,与其背后存在的成熟的培训、养号、出售账号的产业链密不可分。买卖短视频账号是一种虚拟财产的交易行为。我国《民法典》第127条规定,法律对数据、网络虚拟财产的保护有规定的,依照其规定。但是,目前我国还无专门法律以规范此类虚拟财产的流转。虽然实践中短视频运营平台一般在其用户协议中明确禁止账号买卖与交易,但案例显示的高仿明星账号的开发、交易与使用却屡见不鲜,其引发的道德与法律风险亟须相应的法律规范专门规制。

第一,高仿明星账号侵犯了被仿明星的肖像权和姓名权。肖像权与姓名权是自然人享有的人格权,任何组织或个人不得侵犯。《民法典》规定,任何组织或个人不得假冒他人姓名,未经肖像权人同意,不得制作、使用、公开肖像权人的肖像。案例中,高仿明星账号的用户往往假冒明星姓名,或者未经明星本人同意,擅自使用明星的照片甚至对明星的肖像进行技术化处理,配以暧昧性的言语以达到吸引流量、直播带货等目的。上述行为直接侵犯了明星的姓名权与肖像权,若此行为同时令明星的社会评价降低,还可能侵犯其名誉权。

第二,明星高仿账号的所有者存在对社会公众的欺诈行为。此类用户的目的在于牟利:如通过假冒明星骗取打赏或者直播带货等方式谋取经济利益。若其粉丝误以为对方是真明星而予以打赏,或在高仿账号故意隐瞒产品真实情况或告知虚假的产品情况下,用户对产品陷入错误的认识而予以购买,那么被欺诈者可请求法院或者仲裁机构撤销相关赠与合同或买卖合同,追回所支付款项。

第三,网络服务提供者的责任问题。根据《民法典》第 1197 条的规定,短视频平台知道或者应当知道高仿明星账号存在侵害他人权益的行为,是判定两者共同承担侵害他人民事权益责任的关键。短视频平台一般都为平台用户提供接入、传输、存储、即时通讯、搜索等技术性服务。由于网络信息量巨大,现行立法采用"避风港"规则,即权利人通知平台采取必要措施以移除相关侵权视频等内容,来免除平台的侵权责任。如果平台中用户侵权行为足够明显,平台未采取必要制止措施,那么其应该与用户承担连带责任;若平台确实不知情,在经过权利人通知后仍未采取措施制止侵权行为,那么平台需要就权利人损失扩大部分与侵权用户承担连带责任。

通过此次高仿明星账号事件,我们需要明确的是,应通过《民法典》加强对网络视频账号利用中所涉及权利义务关系的基础性规制,同时还应加强对网络短视频平台的监管力度。应以《民法典》为基础,配合《网络短视频内容审核标准细则》《网络短视频平台管理规范》等网络短视频规范的要求,重点监管账户实名认证、上传视频内容等问题,落实相关监管措施。

国家互联网信息办公室修订后的《互联网用户公众账号信息服务管理规定》,其中不仅明确了平台需要承担相应的主体责任,同时对公众账号生产运营者的行为也作出明确要求,恶意假冒、仿冒或盗用组织机构及他人公众账号生产发布信息内容和批量注册、囤积或非法交易买卖公众账号等行为,都属于违法违规行为。这有利于进一步促进短视频行业的良性发展。

42 网上被人匿名诋毁，平台责任几何？

社会热点

生活中,有人发现自己在某个网站上遭到了他人的匿名诽谤和谩骂,已经达到了极大影响其声誉的地步,遇到这种情况该如何处理呢？可以起诉网站平台吗？《民法典》已对规范平台责任的"避风港"规则予以完善,这是出于怎样的现实发展需要？网络侵权处理机制会因此发生变化吗？

案　例

某大学教授丁先生发现有匿名用户在某知名问答社区网站上对其进行恶意中伤及诽谤,丁先生认为这些不实言论已经严重侵害了他的名誉权,于是其向该网站平台的运营者发送了要求删除相应侵权内容的律师函,20 天后该平台仍未删除诽谤内容,侵权内容的浏览量已达 10 万人次以上,丁先生遂再次发律师函要求平台删除诽谤内容,然而 3 天后该平台只删除了部分诽谤内容。丁先生遂将该平台诉至法院,要求平台承担侵权责任,该平台在收到诉讼材料后才删除了剩余的诽谤内容。最终,法院认定该平台未能及时采取必要措施处置侵权内容,应对损害扩大部分与诽谤内容发布者承担连带责任。

法 条

网络用户、网络服务提供者利用网络侵害他人民事权益的，应当承担侵权责任。法律另有规定的，依照其规定。(《民法典》第1194条)

网络用户利用网络服务实施侵权行为的，权利人有权通知网络服务提供者采取删除、屏蔽、断开链接等必要措施。通知应当包括构成侵权的初步证据及权利人的真实身份信息。网络服务提供者接到通知后，应当及时将该通知转送相关网络用户，并根据构成侵权的初步证据和服务类型采取必要措施；未及时采取必要措施的，对损害的扩大部分与该网络用户承担连带责任。权利人因错误通知造成网络用户或者网络服务提供者损害的，应当承担侵权责任。法律另有规定的，依照其规定。(《民法典》第1195条)

网络用户接到转送的通知后，可以向网络服务提供者提交不存在侵权行为的声明。声明应当包括不存在侵权行为的初步证据及网络用户的真实身份信息。

网络服务提供者接到声明后，应当将该声明转送发出通知的权利人，并告知其可以向有关部门投诉或者向人民法院提起诉讼。网络服务提供者在转送声明到达权利人后的合理期限内，未收到权利人已经投诉或者提起诉讼通知的，应当及时终止所采取的措施。(《民法典》第1196条)

网络提供者知道或应当知道网络用户利用其网络服务侵害他人民事权益，未采取必要措施的，与该网络用户承担连带责任

（《民法典》第 1197 条）

专家说法

网络侵权处理机制迎来新变化

黎桥（浙江垦丁律师事务所律师）

和前述案例一样，当发现自己在网络平台上被人匿名诋毁，大部分人往往会先向该平台发出投诉通知并提出删帖的诉求，希望该平台尽快删除侵权信息源，以减少自身名誉的损害。如果该平台在收到通知后及时删除了相应的侵权信息，即使该侵权后来被证实成立，该平台也不用为删帖前的侵权事实担责。但是如果该平台迟迟未删帖，很多被侵权人会选择寻求法律救济手段，起诉该平台要求其删帖并承担责任；如果法院认定该平台未删帖是不合法的，或者删帖是不及时的，那么该平台应该对由此给被侵权人带来的损害扩大部分与发布该侵权内容的平台用户一起承担连带责任。

法院判定网络平台在收到侵权投诉通知后的行为是否需要承担平台责任时，依据的是法律中的“避风港”规则。为了平衡著作权人与网络平台之间的利益，做到既保护著作权，又能促进信息的高效流动与传播，我国通过《信息网络传播权保护条例》在著作权领域建立了俗称"避风港"规则的"通知—删除—反通知—恢复"机制。之后,侵权责任法将"避风港"的"通知—删除"规则从行政条例上升到了立法的层次,适用范围更是从著作权扩大到了所有民事权益。

而《民法典》又以 4 个独立但成体系的条文将"避风港"规则推到了一个新的高度。虽然《民法典》在本质上依然延续了先前立法中的"避风港"规则,但其吸取了网络平台履行"避风港"义务和法院司法裁判的经验和反馈,增加了一些细节性的补充规定。这将使以"避风港"规则为基础的网络侵权处理机制运行得更加清晰、流畅、高效。在《民法典》的相关新增内容中,最大的突破是网络服务提供者"根据构成侵权的初步证据和服务类型采取必要措施",这意味着必要措施的多元化,将与互联网技术和商业模式日新月异的发展相适配。

另外,《民法典》第 1195 条第 3 款的新增内容明确了不仅用户有权因错误通知受偿,而且作为网络服务提供者的平台也享有此项权利。该条款明确了权利人因错误通知将面对追责,将使权利人更加审慎地对待自己将要发出的侵权通知,使"避风港"规则的运行更加稳定。

43 直播触法，平台该担责吗？

社会热点

作为一种新兴的网络社交方式，网络直播丰富了人们的业余生活，受到广泛欢迎。随着网络直播平台的快速发展，为了博取点击量、牟取经济利益，一些主播费尽心思找亮点，网络直播有时成为教唆、帮助违法犯罪的工具。网络平台如何规范发展？在现行法律法规基础上，《民法典》作出了规定。

案 例

2021年6月10日，网传"滴滴司机性侵直播"引发舆论强烈关注。最后却发现，这是一场营利直播行为。根据警方调查结果，网传视频中车某涛、郜某琦为夫妻关系，二人公开进行色情表演。两人并非滴滴司机，但以"滴滴司机、女乘客"为噱头吸引他人观看并牟利。

6月15日，滴滴出行正式起诉"性侵视频"表演者及其直播平台。

法 条

网络服务提供者知道或者应当知道网络用户利用其网络服务

侵害他人民事权益，未采取必要措施的，与该网络用户承担连带责任。(《民法典》第 1197 条)

专家说法

强化直播平台民事责任承担

张海燕(山东大学法学院副院长)

随着数字经济的蓬勃发展，网络直播成为一个新兴行业，它在促进经济社会发展、丰富人们精神娱乐生活的同时，也出现一些直播内容违法乱象，构成民事侵权甚至违法犯罪，引发社会舆论关注。作为网络服务的提供者——直播平台在其中应该承担什么样的法律责任呢？

社会实践中，争议比较大的是民事责任承担问题。根据我国现行法律法规的规定，在网络直播过程中侵犯了他人的知识产权、隐私权、肖像权等民事权利，给他人造成损害的，直播平台可能承担相应的民事责任。如果网络直播平台与主播形成的是劳动合同关系，主播的行为给他人造成损害的，应当由平台承担责任。如果二者仅是合作关系，主播的直播内容存在侵权行为，平台与主播构成共同侵权应当承担连带侵权责任，且这种责任属于过错责任。被侵权人有权通知网络服务提供者采取删除、屏蔽、断开链接等必要措施。网络服务提供者接到通知后未及时采取必要措施的，对损害的扩大部分与该网络用户承担连带责任。

《民法典》侵权责任编从完善网络侵权责任制度、细化网络侵权责任的具体规定、完善权利人通知规则和网络服务提供者的转通知规则等方面，对网络侵权责任作出更为详细的规定。比如，《民法典》第1197条将侵权责任法规定的“知道”修改为“知道或者应当知道”，就加重了直播平台等网络服务提供者的审查义务，其应当对于平台置顶、转发、推荐的内容更为审慎。

直播平台作为一种新型业态和连接网络主播与社会公众之间的传播媒介，在蓬勃发展的同时产生了一些不容忽视的负面问题。对此既要通过落实《民法典》的规定强化民事责任承担，又要加强行业自律引导和监管，从而促进直播行业的健康有序发展。对直播平台经营者而言，首先要严格按照相关法律法规要求，完善平台监管措施和处罚方式，严格查处直播过程中的违法违规行为；其次要强化平台的自我管理监督，加强平台内直播内容生态治理以及审核把关，及时纠正出现的违法违规直播行为；最后要积极承担社会责任，依法配合有关部门对违法违规行为的监督检查、调查取证、依法处理，确保违法违规行为受到惩处，从而规范行业行为，净化直播行业生态。对于行业主管部门而言，在《民法典》之外，还要根据《互联网直播服务管理规定》《网络表演经营活动管理办法》等网络直播单行法规范的要求，着力在主播实名制认证、直播内容审核、隐私保护、建立信用等级管理体系及黑名单管理制度等监管的重点与难点问题上下功夫，把相关监管措施落实落地，从而促进网络直播行业的良性发展。

44 孩子课间受伤，幼儿园“摊上事了”？

社会热点

2020 年 9 月，各地学校陆续开学，家长们总算“如释重负”。但在家待了半年之后的“神兽归笼”，也伴随着一定的安全隐患。就在不久前，陕西延安一位 6 岁男童偷偷溜出幼儿园后门，不幸被火车撞伤。孩子在幼儿园受伤，在很多情况下家长觉得幼儿园没尽到看护责任，幼儿园则认为自己“很无辜”。按照《民法典》规定，孩子在幼儿园受伤，幼儿园要承担责任吗？

案　例

在海南省某村幼儿园，小强在教室玩耍时不慎用铅笔戳到小明的右眼，导致小明右眼受伤。经过几次转院治疗，花费了巨额医疗费依然没有治愈。经鉴定，小明右眼被评定为八级伤残。后来，小明的父母将小强及其父母、幼儿园等告上法院。

法院经审理认为，小强用铅笔戳伤小明眼睛，小强作为伤害行为的实施者应承担责任，因小强系无民事行为能力人，故应由小强的监护人承担侵权责任；幼儿园未尽到教育、管理、保护职责，对小明所受损伤应承担责任。根据各方的过错程度，小强的监护人应承担 50% 的赔偿责任，幼儿园应承担 50% 的赔偿责任。

法　条

无民事行为能力人在幼儿园、学校或者其他教育机构学习、生活期间受到人身损害的，幼儿园、学校或者其他教育机构应当承担侵权责任；但是，能够证明尽到教育、管理职责的，不承担侵权责任。（《民法典》第 1199 条）

限制民事行为能力人在学校或者其他教育机构学习、生活期间受到人身损害，学校或者其他教育机构未尽到教育、管理职责的，应当承担侵权责任。（《民法典》第 1200 条）

无民事行为能力人或者限制民事行为能力人在幼儿园、学校或者其他教育机构学习、生活期间，受到幼儿园、学校或者其他教育机构以外的第三人人身损害的，由第三人承担侵权责任；幼儿园、学校或者其他教育机构未尽到管理职责的，承担相应的补充责任。幼儿园、学校或者其他教育机构承担补充责任后，可以向第三人追偿。（《民法典》第 1201 条）

专家说法

学校未尽到教育管理职责须担责

刘炫麟（中国政法大学副教授）

《民法典》第 1199 条至第 1201 条规定的是校园伤害事故的侵

权责任,旨在回应社会普遍关注的未成年人在校园受伤害的责任承担问题。所谓校园伤害事故的侵权责任,是指无民事行为能力人或者限制民事行为能力人在校园受到人身伤害,幼儿园、学校或者其他教育机构应当承担的特殊侵权责任。

按照《民法典》第1199条的规定,无民事行为能力人在校园受到伤害的侵权责任,应当适用过错推定原则,这体现出对无民事行为能力人的特殊保护和人文关怀。换言之,只要能够证明无民事行为能力人在校园受到侵害,就可以直接推定校方存在未尽到教育、管理职责的过失,无须为此承担举证责任。但由于该过失毕竟是推定成立的,因此允许校方通过举证证明自己已经尽到了教育、管理职责进行抗辩,即如果能够证明,则校方不存在过失,无须承担侵权责任;如果校方不能证明,则推定构成过失,应当承担侵权责任。

与《民法典》第1199条不同,《民法典》第1200条规定的是限制民事行为能力人在校园受到伤害的侵权责任,其实行的是过错责任,即如果请求校方承担侵权责任,限制民事行为能力人一方必须承担校方存在过失(没有尽到教育、管理职责)的举证责任。由此可见,对限制民事行为能力人保护力度要低于无民事行为能力人。

《民法典》第1199条、第1200条规定的是未成年人因为校方未尽到教育、管理职责致害的侵权责任,而《民法典》第1201条规定的则是校园伤害事故中第三人的侵权责任。如果是第三人实施的侵权行为导致校园内的无民事行为能力或者限制民事行为能力人受到损害,应当由第三人承担侵权责任,因为其是真正的侵权人。如果第三人因财产不足等原因无力承担，则可以追究校方因未尽到教育、管理职责的过失所产生的侵权责任，但范围仅是与校方过失相适应的补充赔偿责任。校方承担责任之后，可以向第三人追偿。

本案中，小强在教室玩耍时不慎用铅笔戳到小明右眼致其受伤，校方在发现后并未及时制止并通知双方监护人，导致治疗延误，构成过失。幼儿园对未成年人依法负有教育、管理、保护义务，未尽到职责范围内的相关义务致使未成年人遭受人身损害，应当承担与其过错相应的赔偿责任。故此判决小强的监护人和幼儿园各承担50%赔偿责任。在此，我们也呼吁幼儿园、学校和其他教育机构，应当加强教育监管和日常安全保障工作，以避免此类事故发生。

45 自动驾驶酿车祸，乘车人要担责吗？

社会热点

随着自动驾驶技术的发展，自动驾驶汽车逐渐从概念走进人们的日常生活，因自动驾驶引发的车祸也开始出现。自动驾驶造成的车祸，损失由谁来担？是乘车人、汽车公司还是自动驾驶系统提供者？关于自动驾驶汽车致损的法律责任认定及赔偿问题众说纷纭。《民法典》侵权责任编对产品责任和机动车交通事故责任进行了规定。

案 例

2016年1月，京港澳高速某路段，一辆轿车追尾一辆道路清扫车，轿车司机小高不幸身亡。经交警认定，在这起追尾事故中小高负主要责任。轿车车主老高因儿子使用“自动驾驶”系统发生交通事故死亡而状告该车企。该车企后来将这一系统的中文翻译由“自动驾驶”改为“自动辅助驾驶”。

2018年3月，一辆无人驾驶的越野车在美国亚利桑那州撞死了一位正在过马路的女性，这在当时被称为全球首例无人驾驶车撞人致死案。这不仅引起了业界对技术的反思，也让人们意识到，随着技术的发展，立法规范迫在眉睫。新一轮的科技革命和产业变革,给全人类提出了新挑战,法律必须对这些挑战作出回应。

法 条

因产品存在缺陷造成他人损害的,生产者应当承担侵权责任。(《民法典》第 1202 条)

因产品存在缺陷造成他人损害的,被侵权人可以向产品的生产者请求赔偿,也可以向产品的销售者请求赔偿。

产品缺陷由生产者造成的,销售者赔偿后,有权向生产者追偿。因销售者的过错使产品存在缺陷的,生产者赔偿后,有权向销售者追偿。(《民法典》第 1203 条)

机动车发生交通事故造成损害的,依照道路交通安全法律和本法的有关规定承担赔偿责任。(《民法典》第 1208 条)

专家说法

自动驾驶因缺陷致损可主张适用“产品责任”

崔赫[万商天勤(上海)律师事务所律师]

目前,关于自动驾驶致损案件的司法实践尚属空白,理论争议较大。从《民法典》侵权责任编相关规定来看,自动驾驶致损案件受害人维权主要有两种途径,即主张适用“产品责任”或“机动车交通事故责任”。同时,《民法典》明确了在机动车交通事故致损情况下,依照《民法典》及《道路交通安全法》承担交通事故赔偿责任的基本原则。

通常来看,自动驾驶汽车发生事故可能造成两类损害:一类是自动驾驶汽车及车上人员受损,另一类是行人或其他车辆及车上人员受损。在《民法典》框架下,不同类型受害人的维权路径在实然层面上可能存在差异。另外,当前已民用的自动驾驶技术尚属辅助驾驶性质,仍需要由驾驶员实时操控并监督车辆行驶,即“半自动驾驶”。未来,自动驾驶车辆将实现真正的无人驾驶,即“全自动驾驶”。在自动驾驶技术发展的不同阶段,适用《民法典》解决自动驾驶汽车致损案件的路径也存在一定的差异。

对于因半自动驾驶汽车本身原因造成汽车与其他机动车、非机动车或行人之间发生交通事故,进而造成他人人身财产损失的案件,因相关受害主体举证说明交通事故系由自动驾驶汽车缺陷导致还是因汽车驾驶人过错造成的难度较大,故相较于主张产品责任,受害人直接依照《民法典》机动车交通事故责任的赔偿规则主张索赔更为切实可行。即首先由保险公司在半自动驾驶汽车的交强险责任限额内对受害人进行赔偿;交强险责任限额不足的,不足部分由责任方按照相关法律规定对受害人进行赔偿。机动车之间发生交通事故,由过错方赔偿;双方均有过错,按过错比例担责。半自动驾驶汽车与非机动车或行人发生交通事故,非机动车驾驶人或行人无过错,半自动驾驶汽车一方承担赔偿责任;非机动车驾驶人或行人有过错,减轻半自动驾驶汽车驾驶人赔偿责任;半自动驾驶汽车一方无过错,除在交通事故损失由非机动车驾驶人或行人故意碰撞机动车引起的情形下不担责外,该方应承担不超过10%的赔偿责任。

如半自动驾驶汽车使用人因车辆缺陷遭受损失的,其可依照产品责任的相关规定主张汽车生产者,即整车厂或汽车销售者对其进行赔偿,第一则案例中车主老高状告车辆销售商即属于此种情形。结合《产品质量法》相关规定,产品存在危及人身财产安全的“不合理危险”或不符合保障人身财产安全的国家、行业标准等情形的,应属于《民法典》所指的产品“缺陷”。需要提示的是,如上文所述的交通事故系由半自动驾驶汽车的缺陷导致的,在半自动驾驶汽车使用人已依法向受害人支付道路交通事故侵权损害赔偿的情况下,此等赔偿款应纳入产品缺陷给其造成的实际损失之范畴,其可在向生产者或销售者索赔时一并主张。

而全自动驾驶汽车将不再装配人工驾驶装置且不再需要驾驶员,车内人员均为乘用人,故在全自动驾驶情况下不再涉及对汽车驾驶员过错的认定及评价。因此,如因全自动驾驶汽车本身原因造成汽车使用人或他人损害的,前述任一受害主体均可直接依据《民法典》有关规定,主张由全自动驾驶汽车的生产者或销售者向其承担产品损害赔偿责任。

以上为针对自动驾驶致损问题所进行的简要且抽象的见解,实践中,此类案件涉及的法律问题将更为多样且复杂。在《民法典》对此等问题已进行规制的基础上,更为细致周全的法律处理路径,有待于司法机关在未来结合具体案例进行进一步的探索与回应。

46 无偿搭车，发生事故谁担责？

社会热点

日常生活中，搭亲朋好友私家车的现象比较多见，这既方便了同乘人、节约了交通资源，也体现了相互之间的情谊，彰显了助人为乐的美德。但是，同乘中一旦发生交通事故，往往面临责任承担问题，易发生矛盾纠纷。为平衡各方权益、鼓励助人为乐，针对搭乘非营运机动车酿成交通事故问题，《民法典》规定了“好意同乘”条款，对责任划分作出明确规定。

案　例

2018 年 8 月的一天，张某驾驶的私家车与李某驾驶的小客车发生交通事故，造成李某及张某车辆搭载的朋友王某某受伤，后王某某不治身亡。因张某驾驶机动车超速行驶，而李某驾驶机动车未按规定让行，交通部门确定张某、李某承担同等责任，乘车人无责任。王某某近亲属后起诉要求张某、李某等赔偿医疗费、死亡赔偿金、精神损害抚慰金等各项费用。

一审法院认定，张某与王某某之间为“好意同乘”关系，故判决对王某某近亲属向张某主张的精神损害抚慰金不予支持，其他损失依法赔偿。张某不服，上诉提出“好意同乘”应减轻责任。

二审法院经审理认为，案件中“好意同乘”的情谊行为并非否定精神损害赔偿请求权的依据，同时因张某无故意或重大过错，应减轻责任。最终，改判张某减少20%的赔偿。

法 条

非营运机动车发生交通事故造成无偿搭乘人损害，属于该机动车一方责任的，应当减轻其赔偿责任，但是机动车使用人有故意或者重大过失的除外。(《民法典》第1217条)

专家说法

“好意同乘”也要安全尽责

刘洋(北京市第二中级人民法院法官)

《民法典》颁布实施前，在法律未明确规定“好意同乘”责任问题的前提下，司法实践中关于无过错驾驶者是否减责的标准不一。此案二审改判体现了对民法公序良俗基本原则的坚守与适用——“好意同乘”中无重大过错的驾驶方应当减轻其赔偿责任；同时也是对侵权法保护无过错方立法本义和原则的维护——对于无过错方的精神损害赔偿诉求应依法支持。

随着社会的发展，免费搭乘车辆、互助共享交通资源等风尚兴起，同时也引发了一些矛盾纠纷。从北京市第二中级人民法院近年来审结的涉“好意同乘”机动车交通事故责任纠纷二审案件来看，该类案件呈逐年上升态势，占机动车交通事故责任纠纷的总比亦在增加。案件中，90%以上系受害者免费搭乘亲朋好友等的私家车发生交通事故，所涉交通事故中造成的后果普遍较严重。

其主要原因在于：驾驶者交通安全意识不强，在熟人搭乘情况下，因话题投机，聊天攀谈不断，导致注意力不够集中，从而发生不同程度的交通违章情况。同时，车辆所有人和驾驶者缺乏保障车上人员安全的意识和措施。由于盲目自信或保险观念滞后，抑或成本考虑，超过一半的车辆未对乘车人投保。此类事故多发生在上下班途中，以及接送搭乘接近目的地时。事故引发的纠纷虽然发生在熟人之间，但各方争议大，矛盾尖锐，案件调解难度大，和解率低。

《民法典》规定了“好意同乘”条款，对上述社会问题予以回应，充分体现了公序良俗的基本原则和社会主义核心价值观的要求，有利于增进和谐人际关系的建立，为助人者减轻后顾之忧，同时也能够促进驾驶者更加审慎地驾驶车辆，保障同乘人的生命安全，更好地维系社会生活普遍适用的一般规则。

在此需要提醒的是，车辆驾驶者应时刻绷紧安全这根弦。任何车辆驾驶者在车辆驾驶过程中都应集中注意力，严格遵守交通安全规则。“好意同乘”的乘车人大多是自己的亲朋好友，在此情况下，驾车者更应竭尽全力为所有乘车人安全尽责，在严守交通规则的同时，尽量不与乘车人员进行过多交流，以免分神引发交通事故。

乘车人也应自觉地与驾驶员减少交流。车辆乘坐人与车辆驾驶员都要纠正交流少会显得相互之间冷落、不礼貌、不友好的错误认识,要知道乘坐车辆时与驾驶员聊天,肯定会分散驾驶员精力,会给交通事故发生埋下隐患。

最后,应尽量多为车辆投保相应险种。这样发生交通事故后可以一定程度减轻车主负担,同时也使同乘人员的损害赔偿得以保障。

47 老人被狗绳绊倒身亡，民事责任如何划分？

社会热点

近年来，随着居民生活水平的提高，闲暇之余养猫、养狗已经成为一种时尚。这些宠物丰富了人们的日常生活，给人们带来精神上的慰藉，宠物经济因此日益红火。与此同时，由养宠物引发的相关问题逐渐增多。以养犬为例，恶犬伤人、遛狗不拴绳、随地排泄、街头狂叫等问题招致很多人的不满，由此导致的矛盾纠纷频频引发关注。

案 例

2021 年 8 月 17 日下午，广东佛山顺德区罗水市场前，一位老人被一只狗身上的牵引绳绊倒重摔在地，后不幸去世。据当地工作人员通报，罗水村民罗某(女，12 岁)把另一村民罗某拴养在家门口的狗牵出来玩，途经罗水市场时狗挣脱牵引绳，在奔跑过程中狗绳意外将村民麦某(女，88 岁)绊倒，导致麦某受伤，经送医院救治后无效死亡。

法 条

行为人造成他人民事权益损害，不论行为人有无过错，法律规

定应当承担侵权责任的,依照其规定。(《民法典》第1166条)

饲养的动物造成他人损害的,动物饲养人或者管理人应当承担侵权责任;但是,能够证明损害是因被侵权人故意或者重大过失造成的,可以不承担或者减轻责任。(《民法典》第1245条)

违反管理规定,未对动物采取安全措施造成他人损害的,动物饲养人或者管理人应当承担侵权责任;但是,能够证明损害是因被侵权人故意造成的,可以减轻责任。(《民法典》第1246条)

专家说法

动物致人损害,饲养者承担无过错责任

彭证之(湖北彭证之律师事务所主任)

这起意外事件让人心痛,也引发了我们对宠物伤人问题的重视。事件发生后,大家关注最多的是该如何担责。有报道称老人家属打算放弃追责,如果属实,就直接免除了侵权人的赔偿责任。但是,这并不妨碍我们思考这起事件背后的责任划分问题。

过错责任原则是追究侵权责任的基本原则。通常情况下,行为人造成他人民事权益损害的,只有存在过错才应当承担侵权责任,无过错则不担责,这契合了民众朴素的正义观念。但是,《民法典》也规定了无过错责任原则。根据这一原则,只要损害后果客观

存在,行为人的活动以及所管理的人或物的危险性与损害结果存在因果关系,行为人就要承担侵权责任,即“行为人造成他人民事权益损害,不论行为人有无过错,法律规定应当承担侵权责任的,依照其规定”。

《民法典》规定,饲养的动物造成他人损害的,动物饲养人或者管理人应当承担侵权责任。这意味着饲养动物损害责任适用无过错责任原则。同时,为了公平起见,《民法典》在无过错责任原则的基础上,增加了过错相抵的新规定,即“能够证明损害是因被侵权人故意造成的,可以减轻责任”。

从本案现场视频来看,站在路上的老人毫无防备,此时一只拴着狗绳的白狗突然跑来,巨大的冲击力让狗绳绊倒了老人。可见,老人对事故的发生不存在任何过错,责任应该完全由这只狗的饲养人或管理人来承担。

从案情可知,这只狗的饲养人为村民罗某。但是,当时这只狗并不在罗某的控制之下,而是由 12 岁的女孩罗某女牵出来玩。此时,女孩应该有足够的措施保证狗不乱跑,也不至于造成他人损害。而女孩没有尽到管理义务,当然应当担责。

《民法典》规定,因第三人的过错致使动物造成他人损害的,被侵权人可以向动物饲养人或者管理人请求赔偿,也可以向第三人请求赔偿。动物饲养人或者管理人赔偿后,有权向第三人追偿。这意味着,被侵权一方可以向狗的主人要求赔偿,也可以要求作为第三人的女孩来赔偿。作为狗的主人,如果明知女孩是未成年人,而将狗交给其牵领,应当与女孩承担共同赔偿责任。如果狗的主人对女孩牵狗不知情,则在其承担责任后,可以向女孩追偿。

但是女孩只有12岁,作为限制民事行为能力人,不能独立承担民事责任。依据《民法典》的规定,无民事行为能力人、限制民事行为能力人造成他人损害的,由监护人承担侵权责任。有财产的无民事行为能力人、限制民事行为能力人造成他人损害的,从本人财产中支付赔偿费用;赔偿费用不足部分,由监护人赔偿。这意味着,在女孩和宠物狗主人的责任划分完毕后,若女孩有独立财产,应从其本人财产中支付赔偿金,若女孩财产不足以赔偿损失的,不足部分由其监护人赔偿。

《民法典》规定,饲养动物应当遵守法律法规,尊重社会公德,不得妨碍他人生活。各地也出台了饲养宠物方面的法律法规。如2020年5月1日起施行的《佛山市养犬管理条例》规定,在城市市区范围内携带犬只外出,应当避让行人尤其是老年人、残疾人、孕妇和儿童,应当由完全民事行为能力人牵领或者携带犬只。由此,文明养犬既是社会公德,也是法律的强制性要求,饲养者应当谨记在心。

48 入住酒店被偷拍该如何维权？

社会热点

随着科技的发展，又大又笨重的摄像头变成了让人防不胜防的针孔隐形摄像头，让不少人在不知不觉中被侵犯了个人隐私，如在酒店被偷拍事件频发就是典型例证。为了更好地保护人民群众的隐私权，针对实践中隐私权存在的各种突出问题，在现行法律规定的基础上，《民法典》人格权编第六章“隐私权和个人信息保护”不仅对隐私作出了清晰的界定，同时明确了禁止实施的侵害隐私权的行为类型。

案　例

自 2019 年 7 月起，福建省福州市的陈某将网购的 4 套针孔摄像设备安装在 4 家酒店客房内，并利用 App 远程观看、录制和存储他人的私密视频，涉案被害人有 600 多人。案发后，相关设备已被拆除，陈某被公安机关抓获。福州市鼓楼区人民检察院对陈某以非法使用窃照专用器材罪依法提起公诉。

法　条

除法律另有规定或者权利人明确同意外，任何组织或者个人不得实施下列行为:(一)以电话、短信、即时通讯工具、电子邮件、传单等方式侵扰他人的私人生活安宁;(二)进入、拍摄、窥视他人的住宅、宾馆房间等私密空间;(三)拍摄、窥视、窃听、公开他人的私密活动;(四)拍摄、窥视他人身体的私密部位;(五)处理他人的私密信息;(六)以其他方式侵害他人的隐私权。(《民法典》第1033条)

专家说法

明确隐私权，充分尊重人格利益

皮剑龙(全国政协委员、北京市金台律师事务所主任)

所谓隐私权,是指自然人就其隐私所享有的不受侵害的权利,是一种具体的人格权。隐私权是人的一项特别重要的权利,丧失了隐私权,就丧失了我们作为一个人的完整性。

在《民法典》出台之前,我国现有的法律法规并未对个人的隐私权作出具体明确的法律规定。对隐私权的保护,只能适用《民法通则》《侵权责任法》等的规定。《侵权责任法》只是提到了保护隐私权,但是写得过于笼统,并不明确,也没有明确隐私权的具体内容。对于侵害隐私权的行为,受侵害人获得金钱赔付的唯一民事途径是寻求精神损害赔偿。根据《最高人民法院关于确定民事侵权精神损害赔偿责任若干问题的解释》,精神损害赔偿以严重后果为前提。然而,在现实案例中被侵权人为追索精神损害赔偿能提供的法院认可的直接证据非常受限,即便出示证据,但案例赔付一般均不超过10,000元,很难平衡诉讼成本,远远降低了侵权成本,对于侵权人来说也难以起到足够的威慑和惩罚作用。

我国《民法典》首次对个人隐私权的保护作出了明确的规定。《民法典》人格权编第六章"隐私权和个人信息保护",宣示了自然人享有隐私权,明确了隐私权的内涵,并列举了侵害隐私权的具体表现。《民法典》第1032条规定,自然人享有隐私权。任何组织或者个人不得以刺探、侵扰、泄露、公开等方式侵害他人的隐私权。隐私是自然人的私人生活安宁和不愿为他人知晓的私密空间、私密活动、私密信息。与第1033条规定连在一起,虽然只有两个条文,但是把隐私权规定得很完整。《民法典》对隐私权的明确规定意味着我国法律对公民人格利益的充分尊重,将对"人的尊严"的保护,提升到了一个全新高度。特别是《民法典》第1033条的规定,既有利于法院裁判案件,又有利于为社会公众提供行为指引,使人们知悉自己的行为边界。

这些关于隐私权的条文为隐私保护提供了强大的法律支持。如果去酒店发现被偷拍,可以直接以此为依据诉其侵权要求赔偿。

对于入住酒店被偷拍的情况,一般情况下可以适用《民法典》的规定。但是,对于侵犯隐私权情况严重的,应当适用《刑法》的相关规定定罪处罚。例如,偷拍偷录的内容中涉及公民的身份证信息,包括姓名、年龄、身份、户籍所在地等信息并加以出售导致泄露,构成侵犯公民信息罪;非法使用窃听、窃照专用器材的,构成非法使用窃听、窃照专用器材罪；如果嫌疑人偷录的视频中包括性爱视频，并且将其传播出去，可能还会构成传播淫秽物品罪。《刑法》作为维护社会公平正义的最后一道防线，有强制力和威慑力，对打击侵犯隐私权的行为有很好的效果。因此，应当将《刑法》和《民法典》结合起来，以更好地保护公民的隐私权。

49 又来！ 高空抛物何时休？

社会热点

近年来，高空抛物坠物事件越来越多，导致多名无辜群众罹祸，被称为“悬在城市上空的痛”。个别高空抛物坠物事件面临找人难、取证难的问题，若直接责任人难寻，不少群众往往陷于对劣行严厉谴责又对“共同补偿”不理解的尴尬当中。

案 例

2020 年 8 月 17 日，在北京市朝阳区某小区，25 岁的李某因发泄情绪，从位于 16 楼的家中向窗外扔杂物，造成一名过路群众被碎片划伤。后李某因涉嫌以危险方法危害公共安全，被朝阳公安分局依法刑事拘留。2020 年 8 月 12 日，浙江杭州某小区，一个从天而降的杯子，掉落到出生仅百天的婴儿身上。由于该小区没有安装高空摄像头，民警、物业排查了 200 户无人承认，肇事者一时难以找到。

法 条

禁止从建筑物中抛掷物品。从建筑物中抛掷物品或者从建筑物上坠落的物品造成他人损害的，由侵权人依法承担侵权责任；经调查难以确定具体侵权人的,除能够证明自己不是侵权人的外,由可能加害的建筑物使用人给予补偿。可能加害的建筑物使用人补偿后,有权向侵权人追偿。物业服务企业等建筑物管理人应当采取必要的安全保障措施防止前款规定情形的发生;未采取必要的安全保障措施的,应当依法承担未履行安全保障义务的侵权责任。发生本条第一款规定的情形的,公安等机关应当依法及时调查,查清责任人。(《民法典》第1254条)

专家说法

高空并非法外之地

孙世乐(北京市延庆区人民法院民事审判一庭副庭长)
吴　丹(北京市延庆区人民法院民事审判一庭法官助理)

近年来,高空抛掷物事件频繁发生,引发社会各界极大关注。面对高空抛物造成的损害,究竟应该由谁来承担责任?《民法典》第1254条对这一社会热点问题及时进行了回应。

高空抛掷物品致人损害,首先应当由侵权人承担责任。《民法典》明文规定,"禁止从建筑物中抛掷物品",高空抛掷物品不仅是违反公共道德、公序良俗的行为,更是法律禁止的违法行为,一旦违反,需要承担相应的法律责任。对于违反这一法定义务而给他人造成的损害,《民法典》规定由侵权人承担责任,即由造成损害的直接行为人承担责任,如果该直接行为人是儿童、精神疾病患者等无行为能力人或限制行为能力人时,则应由该直接行为人的监护人承担责任。

《民法典》将查找侵权人列入公安等机关的工作职责范畴,明确规定在发生高空抛物坠物事件时,公安等机关应当依法及时调查,查清责任人。高空抛掷物品可能的侵权人范围是极广的,高楼住户可能达几十户,甚至上百户,其中不乏租户等流动性人口。公安等机关对辖区内住户信息有一定的掌握,具有人员、技术、信息等方面优势,赋予公安等机关调查高空抛坠物责任人的职责,将很大程度解决找人难、取证难的问题,以帮助受害人尽快锁定侵权人进而获得赔偿。

对于经调查难以确定具体侵权人的,则由可能加害的建筑物使用人承担补偿责任。按照《民法典》的规定,只有在经过公安等机关充分调查,仍然无法查清责任主体,并且建筑物使用人也不能证明自己不是侵权人时,才由可能加害的建筑物使用人共同承担补偿责任;前述规定不仅可以补偿受害者损失,同时也能督促全体建筑物使用人高度注意,自觉预防和杜绝该类损害的发生。另外,对于已经承担补偿责任的建筑物使用人,《民法典》规定其有权向侵权人进行追偿,这就为那些什么都没做却已承担补偿责任的人保留了救济权利,也警示实际侵权人莫要心存侥幸。

另外,《民法典》明确规定,物业服务公司对高空抛掷物品问题具有安全保障的义务和责任。这就倒逼物业公司加强管理,完善保障措施,积极采取诸如定期宣传、张贴标语、安装监控、常态巡防、布置防护网等措施,尽可能地避免高空抛掷物品对途经人员的损害,避免物业在日常管理中疏于安全防范,出事之后却推诿扯皮。

50 婚礼录像没了，精神损失如何赔偿？

社会热点

荣誉奖章挂在家中被偷，唯一的毕业照片重新冲洗时被损坏，记录甜蜜婚礼的影像资料被摄影师弄丢……这些有特殊意义的财产遭受损失时该如何赔偿？以往，人们大多关注具体有形财产的损害赔偿，而对上述这些“具有人身意义的特定物”如果只赔偿物质损失，显然无法抚平被侵权人的精神痛苦，因为其所附带的精神价值可能远超其物质价值。有损害即有赔偿，《民法典》为特定物损害的精神赔偿提供了明确的法律依据，体现了民法的人文主义精神。

案 例

小俊和小洁举行婚礼时，请顾某进行全程摄像。婚礼结束后，顾某发现因摄像机内存卡损坏，录像资料全部丢失。在多次协商赔偿事宜后，顾某同意退还其收取的 1200 元报酬，但拒绝支付额外的赔偿款。小俊和小洁将顾某诉至法院，要求其返还服务费 1200 元及赔偿精神损失 5 万元。最终，在承办法官的调解下，顾某同意返还小俊和小洁服务费 1200 元及 5000 元精神损害赔偿，并当庭付清。

法 条

侵害自然人人身权益造成严重精神损害的,被侵权人有权请求精神损害赔偿。因故意或者重大过失侵害自然人具有人身意义的特定物造成严重精神损害的,被侵权人有权请求精神损害赔偿。(《民法典》第1183条)

专家说法

特定物侵权须担精神损害赔偿之责

于林洋(华东师范大学法学院副教授)

记载着婚礼美好记忆的录像资料全部丢失,构成《民法典》规定的特定物侵权责任,即侵害具有人身意义的特定物的精神损害赔偿责任。行为人因故意或者重大过失侵害自然人具有人身意义的特定物造成严重精神损害的,应当承担精神损害赔偿责任。

与普通的种类物不同,特定物往往具有独特性、稀缺性与不可替代性,同时,基于历史、传统、文化等因素,某些特定物会被赋予特定的人格利益和身份利益,承载着权利人某种特殊的情感记忆,其精神价值可能远超物质价值,具有重要的人身意义。

特定物因为具有人格和身份利益等精神价值,如果因为行为人的过错而造成不可恢复的损毁，将给受害人造成严重的精神损害。表面上看损毁的是物，实际上损害的是当事人的人格和身份利益。如果只是责令行为人予以物质损害赔偿，显然不能弥补受害人的精神创伤。因此，《民法典》超越特定物本身关注其背后的“人身意义”，规定精神损害赔偿，显然是必要的。

值得一提的是，仅自然人可以请求特定物侵权的精神损害赔偿责任，法人或者非法人组织因为不具有自然人的思想情感，不会出现自然人的精神痛苦，因此不能请求精神损害赔偿。

此外，此种责任具有严格的构成要件。特定物侵权责任的主观要件为“故意或者重大过失”，一般过失不能请求精神损害赔偿。当然，对行为人主观过错的判断，不可脱离民法典保护民事权益的立法宗旨。本案中，顾某作为专业摄像师，妥善保存客户的录像资料是其工作职责，顾某应知内存卡一旦损坏会导致录像资料丢失而未采取合理措施，属于明显的工作失职，可认定为“应知而未知”的重大过失。

特定物侵权责任的客体为“具有人身意义的特定物”，普通物件不是适格客体。对是否属于具有人身意义的特定物的判断，应符合社会常理。这种特定物应具有典型的人格或身份意义，一旦损毁难以恢复原状，如倾注心血的手稿、已故亲人的唯一照片、祖传的珍贵遗物等。本案中，虽然婚礼录像资料本身的物质价值并不高，但对小俊和小洁而言却具有极为特殊的纪念意义，具有典型的人格与身份利益，属于具有人身意义的特定物。

特定物侵权责任的结果要件为“造成严重精神损害”。本案中，因为顾某的工作失误，导致具有时间性、空间性、人物性等诸多个性化特征的珍贵婚礼录像资料完全丢失,内容无法再现,对小俊和小洁造成无法弥补的精神伤害。

至于精神损害赔偿的数额,由法官根据行为人的过错程度、损害后果、经济能力等因素综合确定。本案在承办法官的调解下,顾某返还小俊和小洁服务费 1200 元及赔偿精神损失 5000 元,使受害人得到必要的精神抚慰,对行为人也起到必要的警诫作用,于法有据,于情有理。

本案也提醒相关行业的服务者,应当提高自己对具有人身意义的特定物的合理注意义务,而自然人在委托相关服务者时,也应明确告知物品对自己的特殊意义,以期待服务者提高自己的注意义务。

《民法典》为特定物的精神损害赔偿问题提供了明确的法律依据,对于保护自然人的人身权益具有重要的制度价值。其保护的不仅是特定物,更是一种承载着特殊情感的人身利益,体现了现代民法以人为本的人文主义精神,是社会文明发展的必然要求,具有重要的社会意义。